中國哲學與中國文化

Chinese Philosophy and Chinese Culture

成中英 著

三民書局

國家圖書館出版品預行編目資料

中國哲學與中國文化／成中英著.－－五版一刷.－－臺北市：三民，2019
面；　公分.－－(集輯)
ISBN 978-957-14-6649-1　(平裝)
1.中國哲學 2.中國文化

120　　108007506

著作人	成中英
發行人	劉振強
著作財產權人	三民書局股份有限公司
發行所	三民書局股份有限公司
	地址　臺北市復興北路386號
	電話　(02)25006600
	郵撥帳號　0009998-5
門市部	(復北店) 臺北市復興北路386號
	(重南店) 臺北市重慶南路一段61號
出版日期	初版一刷　1974年3月
	四版一刷　1990年8月
	五版一刷　2019年7月
編號	S 120020

行政院新聞局登記證局版臺業字第〇二〇〇號

ISBN　978-957-14-6649-1　(平裝)

http://www.sanmin.com.tw　三民網路書店

緣起

書本，是知識的橋梁、文化的渠道，閱讀好書，我們得以與歷史經典為伴、當代思潮為友。

「集輯」書系——集思為海，廣納知識。收錄文學、國學、哲學等不同領域學問，有散文、小說、評論和回憶錄等各種作品。引領讀者探索世界，一同徜徉浩瀚的知識之海。

方便攜帶的小開本書籍裝幀，能讓讀者在繁忙的生活中，也擁有隨手閱讀、輕易涉獵不同領域的紙本體驗。當閱讀在生活中開花，生活也會因閱讀而繽紛。

三民書局編輯部　謹識

《中國哲學與中國文化》再版序言

一九七四年我在臺北出版了《中國哲學與中國文化》一書，至今已經是四十五年了。近日三民書局寫信給我，表示希望再版此書，我頗感驚喜。因為《中國哲學與中國文化》此書是我寫有關中國哲學與中國文化最早的一本。最近出版社主動要求再版，表示大家對中國哲學和中國文化的關注有了新的活力，我自然感到高興。

這本書由我的十一篇論文組成，從中國哲學觀點論述中國文化五千年之獨特價值。從孔子的智慧到正名思想，又廣泛包含了孟子思想體系的研究。這在當時可能是最早的關於孟子哲學的研究。我的文章也包含了《中庸》的致中和之說與陽明的致良知之說，並延伸到顏元格物致知之學。

雖然沒有涵蓋所有中國哲學的重大課題，但我提出當時學界所重視的儒家哲學實踐的問題。我更從中國文化的立場說明中國哲學的特性和重建問題，並論述中國哲學的現代與再創造對世界的意義。這些課題在我今天看來，無論在中國大陸還是臺灣，都仍然是中國哲學發展的核心問題。實際上，可以說我是當時最早提出中國哲學重建和中國文化再創造的年輕學人。

這些問題和課題的提出，當然不是偶然，乃是在我深思中國哲學、中國文化的現代化、創新化與思辨化的結果。在當時，也是基於我對西方哲學理解背景下發揮出來。我於一九六四年獲得哈佛大學哲學專業博士，當時致力於西方當代哲學即邏輯學和科學哲學的研究。但我從未忘懷中國哲學，以及中國文化在現代所面臨的困境。

這些困境是，傳統的講授中國哲學與中國文化不能解決哲學的現代化和創新問題，不能面對世界的問題。但如果我們把中國哲學放在一邊，專研西方和用西方來詮釋中國哲學，又容易導致中國哲學個性、特色的喪失。我經過半世紀對中國哲學和西方哲學的同時研究和發展，提出「中西互釋」是中西文明溝通的最好道路。而「本體詮釋」，則是創新中國哲學最重要的管道。這兩者是確立中華文化的世界地位以及在人類文化過程中極重要的覺識。

有關中國哲學的現代應用問題，我發展了「中國管理哲學」與「人類整體倫理學」的架構與體系，強調它們的重要性。有人認為引進分析與邏輯論證方法重建中國哲學，這是一種錯誤。但事實是，只要是哲學，就必須要有理論的創新和價值的傳承。因為時代是永遠在更新的，哲學研究必須要與時俱進。這也是我強調易學本體論的重要理由。

目前中國哲學的研究，學者大都傾向於歷史與文獻、文本分析，基本上是一種思想史和漢學的研究，這不能看作是哲學的研究。有人甚至極端認為中國沒有哲學，中國哲學是外來的名字，這是自我矮化和畫地自限，不知哲學是中國文化的內涵本質，也不符合人類文明共同開放、相互交流、趨向共同的善與大同世界的理想。

我很高興在四十五年前我就提示了這些基本概念，其後在很多中英文著作中強調中國哲學研究的方法論，並進行實質的中國邏輯、中國本體論、中國知識論與形上體系的重建，包括儒家哲學、易學哲學、詮釋學方法的重建。哲學探索，不但有利於中國哲學的再發展和中國文化的再創造，也有利於世界哲學的再發展和世界文化的再創造。這也是我把中國哲學帶入世界的基本立場。

在談到中國哲學特性時，我指出在當時看到馬克思主義研究和中國傳統的脫鉤。現在我們看到馬克思主義的研究也成為中國哲學研究的一部分，而不是政治上的意識形態而已。當時，我就提到中外新舊結合的問題。

另一方面，我在中國哲學的人文主義發展上提出所謂內在的人文主義的認識，主要面對外在的人文主義的挑戰，也面對人文主義絕對的主體化與精神化的危機。當然，主體和精神是人存在的重要內涵。但把主體和精神標誌為人文主義的內涵，則有忽視人類生命中的基本價值之嫌。人的生命價值包含了物質與精神的平衡問題，同時要面對主體和客體的整體性、精神和物質的統合性，尤其要面對個人和群體的統合性，然後才來掌握人類或者人的生命價值。人文主義有它普遍的生命性與社會性，應該體現生命的多面性與社會的和諧發展。

當今社會也面臨的醫療發展問題、教育發展問題、貧窮解困的問題，都應該有科學上的認知和支持。這些我都看成是人文主義的重要部分。

人們提倡第五次工業革命和人工智能化建設，也應該納入到人文主義的倫理觀照之中，而不能夠由單一的精神所揚棄。關於這方面的討論，我們將繼續在重建中國哲學的過程中盡力發揮。

當代中國文化的重建和再創造涉及到中國文化、文明的起源問題，以及有效性與目的性問題。對於這些問題，我在最近各種會議中也有機會進行了重要的探討，我認為要建立中國哲學研究的信心，必須對我們文化的源頭活水和哲學思考的根源進行深刻的探討。

此一再版序言，到此暫告一段落。

美國夏威夷大學哲學系終身教授
成中英
二〇一九年三月三日
志於美國檀香山生生不息齋

前言

許多年來我在國內外大學講授哲學，深深感覺到從事中國哲學的研究與發展乃是我輩刻不容緩的事。也許有人會問我：在這西風壓倒東風的時代，我為什麼有這樣的感覺呢？也許還會有人問我：你在美國受的是方法學與西洋哲學的訓練，為什麼回過頭來提倡中國哲學呢？要回答這兩個問題並不困難，下面我提出兩個重要的理由來解釋何以我會有我的感覺。

首先要說的是中國哲學有內在的精純的哲學智慧。這種智慧是以深厚的人生與歷史經驗作為基礎的。它不但反映一種對世界與生命的理解，而且更能對人生作切實的應用。因之它是一種活生生的價值。但是要認識及把握這種價值而不喪失其淋漓的元氣，乃是要經過一種哲學追求的心路歷程的。不但如此，要把這種活生生的價值清晰的相關的表達出來，更是要仰賴嚴格的哲學訓練來促成的。西洋哲學的訓練是一種極佳的思致與思辨方法與形式的訓練。它能幫助我們在形式結構上與概念的分析與綜合上把思想澄清，組合及系統化。我們誰也不能否認近代人是強調及著重思想的清晰性與理性的組織的。事實上，為了思想的交流、比較及傳遞，以及為了思想的謹嚴與說服力，我們必須在理性的平面上解釋人生經驗的意義，並藉以充實與表達人生的智慧。中國自古以農立國，著重知行的合一，天人的和諧，在以往固定的社會秩序中也許不感受精密的理性表達力與說服力的重要。當然這並不表示中國人沒有理性思攷及論證推理的能力。當我們有此必要時，或當環境造成此種必要時，歷史已證明我們也能發揮這方面的能力。二十世紀以來，我民族文化已與世界潮流產生交流與交互影響，但我們卻往往囿於成習，抱殘守缺，食古不化，不在工具方法上講究與革新，造成思想的閉塞，也使我民族文化的基本生活與歷史經驗無法在最適宜的配合潮流的格式下透露出來。鑑於此，我認為我們接受西洋思想的訓練是可以達到發展中國哲學智慧的目的的。這也就是我認為西洋哲學的研究工作不但不妨礙中國哲學的研究，而且相反地卻能幫助中國哲學發展的原故。

另一個我認為我們必須要提倡中國哲學研究的理由是：中國哲學是中華民族文化的產物。我們生為中國人，浸濡在中國民族文化生活基本方式裡，我們有什麼理由不去進一層的認識這種文化的精神，這種文化的意義呢？作為一個慎思明辨的中國人，我們是無法逃避發掘及發揚自己歷史智慧與民族智慧的責任。這也可以說是文化經驗與思想價值的認同責任。我們一己的生命是和一個歷史、一個社會的生命息息相關的。我們生活的目的、價值以及內涵也不能不為我們所屬的社會與歷史所影響。我們必須認識並承認這種影響。這可以說是一種被動消極的認同，也是一種起碼的認同。但作為一個慎思明辨的中國人的最後目的乃是如何透過及把握這種社會與歷史給我們的影響去改進這種社會，去推動這個時代，去創造與充實這個文化的價值，使其臻於完善。這可以說是一種主動積極的認同。基於前面所提到的中國哲學具有內在的豐富價值的特點，我們更可以以我們自己的文化經驗為立足點努力去發揮中國哲學的精髓，創造新的中國哲學紀元。這樣的努力不但會使我們在生活中找到積極的價值，充實了我們一己的生命，也必然向世界文化與思想提出了獨特的貢獻，從而促進人類的大同理想，解決人類遭遇的難題。這是我們作為人類一分子的責任，也是中國文化作為世界文化一單元的責任。

當我們透過人生的經驗深切的反省我們的哲學智慧時，當我們透過西洋哲學的概念系統與方法學反省我們的哲學經驗時，我們是有十分的理由自信我們確能用中國哲學來充實我們自己的生活，也同時增進了世界思潮的多采多姿。進言之，我們可以利用「西風」來創造「東風」，也可以重振「東風」來豐實「西風」世界，使人類最後同浴於人生大智慧的春風化雨之中。這也就說明了為什麼我個人透過了方法學與西方哲學的訓練和知識，不厭其煩的倡導中國哲學的重建。

中國哲學的重建也就是中國哲學的再生與再創造。這種意義的重建是要把中國人的原始的生命智慧與生活經驗重新顯露出來。而顯露的方式與形式卻是現代的，合乎理性的，並與現代人的價值不發生隔閡的。因之中國哲學研究的語言也必須作一番更新，使其能夠表達明朗活潑的意義，而不流於生澀死硬和無味無力的說教。更進一步，我們以我們原始的生命智慧與生活經驗為立足點，去開拓及創造新的價值與人生境域，並融合近代人的歷史與社會體驗得來的睿智，正視世界文明進展中的各種困惑，以期對全人類的幸福作一永恆性的貢獻。闡揚舊有的，開創新起的，正是中國哲學重建一詞的雙重意義。中國哲學重建的雙重意義也賦與中國哲學以雙重重要意義：它是已經蘊含在中國民族文化與歷史裡的哲學智慧，也是中國人生生不息即將創造的思想線索。

當然，我們要重建中國哲學並不是一件容易的事。事實上，此乃是一項極為艱鉅的工程。上面我說的是理論性的重建方針、方法與目的。但真正要去做，以及如何實際去做，在我看來乃是牽涉及專門研究與大學教育的大問題。就大學教育來講，很顯然的，我們目前看到的是中國哲學的教學與講授逐步發生種種困難。首先，我們當前似乎已普遍缺少中國哲學的專才教員。當上一代的學者退休之時，新一代卻乏人接棒。何以乏人接棒呢？重要的理由之一是上一代沒有好好啟發及培養下一代的專門人才，而下一代則沒有好好培養及充實中國哲學的認識與興趣。因之這不僅造成中國哲學教學的青黃不接，抑且造成其停滯與真空。如此惡性循環下去，必然使中國哲學的無上智慧永埋於歷史的塵埃裡了。上一代不能引發，下一代不能培養對中國哲學的興趣，理由很多，但卻不外於經驗的隔閡與語言的隔閡所致。中國哲學的傳授方式與表達形式自然也難辭其咎。這就回到上面所說到的如何用近代人的哲學語言來活潑潑的表現中國哲學的內涵與智慧，使之與世界思潮，現代生活相關的根本問題了。

說到專門研究方面，我們系統的做整理中國哲學及其歷史的工作幾乎可說尚未開始。在國內我們缺少專門性的國家研究機構來專門培植與容納中國哲學的研究人才。同時我們當前的社會也缺乏私人有計劃的大量資助研究中國哲學的熱誠。也許這種不幸的現象是由多種心理與文化因素造成，但這卻毫無疑問的導致了我們研究中國哲學也需要向外國人學習，受外國學者的鼓勵的畸形狀況。社會是有機的組合，歷史是連續的過程。我們的國家與社會是必須要在哲學與中國哲學的研究上向著西方人迎頭趕上的。這是我們作為中國人的文化權利，也是我們作為中國人的文化責任。我作為一個關心及倡導中國哲學重建與發展的哲學研究者，也就不能不向我們的國家與社會作懇切的呼籲。

我這本書是由近數年來用中文寫成的幾篇中國哲學論文以及一些有關中國哲學方面的稿子集成的。我自一九六五年即返母校國立臺灣大學講授哲學。一九六七，一九六九，一九七〇又陸續回來繼續講學，我曾先後在不同的場合與團體作了接近四十次的演講。許多演講稿子已經散失了，許多論文與演講稿是討論西洋哲學，邏輯與方法學，及近代思潮的。關於討論中國哲學與中國文化的稿子，這裡我收集了〈中國哲學與中國文化〉（在教育部文化局演講稿），〈論中國哲學的重建問題〉（在臺灣大學演講稿）等篇。論文稿中〈戰國儒家與孟子思想體系〉初稿是在《中央研究院歷史語言研究所特刊》發表過的。〈論致中和與致良知〉則在我創辦的《臺灣大學哲學論評》上發表過（原文係孔孟學會專題演講中的講稿，其摘要曾發表於《孔孟月刊》）。〈中國哲學的特性〉與〈孔子的智慧〉原是英文稿，前者曾發表於世界性哲學雜誌 *Inquiry*，後者是我在美國東西文化中心的專題演講稿，曾發表於《思與言》雜誌。現兩文均承中國文化學院哲學系張尚德教授譯成中文，一併收入此集。其他各文，〈從中國哲學論中國五千年文化獨特之價值〉發表於《中華文化復興月刊》，〈當前中國青年的思想與性格〉與〈當代中國哲學之發展及其對世界的意義〉則先後發表於《東方雜誌》。〈論孔子的正名思想〉發表於《出版月刊》，可說是我返國後最先寫的有關中國哲學的文章。最後，〈顏元的格致之學〉則是應中國文化學院之邀而寫的。

這本書集成的文章很駁雜，但幸能規範於對中國文化與中國哲學的討論。

書中出自講稿之文，為了存真，未作大幅度刪改，定多簡略掛漏之處。這裡只好請有識君子教正了。

成中英識於臺北木柵一九七三年七月

目次

從中國哲學論中國五千年文化獨特之價值

一、研究中國文化獨特之價值

中國五千年文化獨特之價值何在？面臨這個問題我們應該做深切細密的思考。因為我們對這個問題的解答有下列幾種意義：㈠生為中國人，接受中國文化的薰陶，但由於「百姓日用而不知」，對自己源遠流長的文化也許僅有直覺的感受，而缺乏理性的了解，反省中國文化獨特之價值可以增進文化生命的自信，啟發文化創造的契機，使中國文化的獨特價值得到更進一層的發展。㈡處在這個「優勝劣敗、適者生存」的人類文化相互衝擊的時代，作為一個中國知識分子，不能不對中西文化及其價值作一基本的認識與抉擇，並對中國文化獨特價值向世界作一清楚之說明；這不但鞏固中國文化發展的基礎，且能本於中國文化之教訓向全人類提供解決全人類困境的途徑。㈢際此廿世紀，交通日繁，文化交流與日俱增，西方文化一則向外擴伸，一則面臨危機，正需吸取東方文明以補其短。吾人對中國文化之獨特價值作一把握，當能促使人類文明之再生，也能促進人類文化之躍進。㈣對於吾人文化價值之反省亦為一文化表現之過程。吾人能對吾人文化作一正確之理解，除能增進吾人之文化意識，且能阻遏吾人及外人對我文化之誤解，避免因此種誤解帶來文化進步之阻力。

總上所言，我們要探究中國五千年文化之獨特價值實有其主觀與客觀之必要，故為一最有意義之研究工作。緣此，本文當就中國文化之基本價值作一理論性的說明，並希望由此引發中國文化之更進一層的研究。

二、中國文化獨特的價值簡述

如果我們把中國文化當作包羅萬象的精神文明與物質文明及其活動，則要談中國文化的獨特價值實在非一篇文章所能說明。我覺得近年來西方及我國出了不少專論及選集，對中國文化各方面的獨特價值已做了適當的說明。在這些選集及專著中，我覺得比較缺乏強調的是中國文化獨特價值的理論基礎。我在這裡則要特別強調中國文化獨特價值的理論基礎。我認為中國文化獨特價值理論基礎之探究不但可以幫助我們對中國文化出發點有一正確的了解，而且可以幫助我們對中國文化之理想目標有一深刻的認識。這種了解與認識自足以構成對中國文化繼往開來之原動力。那麼現在我們要問：中國文化獨特價值之理論基礎何在？我以為任何最完整的回答必須顯示下列四項：一曰：天人合德為人與宇宙全體創造活動之泉源，亦為其終極目標；二曰：內（聖）外（王）合用為人與社會全體創造之活動泉源與終極目標；三曰：誠明合能為個人在宇宙創造活動中實現個人創造活動之泉源與終極目標；四曰：知行合體為個人在社會創造活動中實現個人的創造活動之泉源與終極目標。此四種融通合一的精神決定了中國文化發展之契機及其主流與方向。因之，中國文化之各項活動均可以此四種融通合一精神為基準來說明與解釋，而取得其在中國文化全體活動中之地位。更有進者，此四種融通合一精神是相通的，因而也是互相關連，互相發用的。由此四種分列而又相通的融通合一精神復可引出其他融通合一的精神，作為中國文化各項活動在不同層次上的基礎。

在未分別對上述四種融通合一精神作個別說明之前，我們更要表明此四種融通合一精神的一般情形以及表現在四種精神之文化活動何在。此四種精神，如上所述，乃一共通之精神，因其具有原始的自然本真，而非因人後天特殊的經驗意識形成，乃可視為宇宙本然之實現，即《易傳》所謂「生生不已」之「天道」精神。此四種融通合一精神促使中國文化之發起、生長、展開，同時亦決定了中國文化之方向與理想目標。因之此四種精神同時為中國文化之始點、過程及目的。這四種精神亦必然顯示為活動，具有無比的潛力，發出創造的光輝，使每一文化活動均為一起點，每一起點均為一理想之實現，而每一理想之實現又均為創造活動之一步驟。這種動的「始點」、「過程」、「終極的目標與理想」之合一，並為中國文化之特徵。這種在時空中發展的立體性的融通合一精神可視為上述四種融通合一精神之為「融通合一精神」之一理由。它們之為融通合一：乃始點的融通合一，過程的融通合一以及終極理想的融通合一。由於這種認識，我們可以知道所謂融通合一並非排除異樣多類的發展，「品類繁賾」的多元存在乃為可能，事實上此種融通合一必須引進及產生「多樣性」和「多類性」之發展。由此我們可得一結論以籠括中國文化獨特價值之理論性基礎：中國文化認識。

一、創造之起點，並可自此肯定。

二、創造之目的，更由此以確定。

三、創造之過程，故中國文化顯示。

四、自潛存一元引發潛存多元多樣之發展，並將多元多樣融化為實際和諧與完美之一元。

我們最後要說明的是：中國文化獨特價值這種理論性的特點可以透過中國哲學來闡述。我們不但可以如此做，而且應該如此做。因為哲學不但為文化本質之自覺與文化理想的反射，亦且為文化活動之理性指標與引動力源。故有文化不一定有哲學，但有哲學則一定有文化。有哲學的文化乃是高度發展之文化。發展文化不發展哲學不足以真正發展文化。反觀我國文化：文化與思想哲學乃息息相關，文化之興盛為哲學思考奠下發展的基礎，而哲學思考的發展乃為文化之創造帶來遠景及反省。先秦如此，隋唐如此，宋明如此，近代亦如此。故吾人不但應自哲學以綜觀我文化獨特價值之理論基礎，且應自我哲學中發掘我文化獨特價值之理論基礎。任何哲學都能反映及創造文化的實際，同時又都能反映及創造文化的理想。文化有自求完善性之傾向，哲學即表示此一傾向。吾人論中國文化獨特價值之理論基礎與其哲學說明並不表示我文化實際不具有弱點及缺點，亦不表示我文化獨特價值之理論基礎的立場無內在限制與其易陷溺的偏差，這些自然都是值得檢討的。本文的重點雖不放在這些問題上，但討論我文化全盤價值之理論基礎時自應帶及，使吾人深省以求改進並精益求精，以克服實際之困弱，開創完美的理想。

三、天人合德的宇宙本體哲學

中國文化中所蘊藏的最根本的力量是中國自古以來把握的天人合德的宇宙本體哲學。其為最根本的力量乃是由於所有中國文化之創造活動皆發源於並得力於此種哲學。此種哲學早已成為中國人心態之基礎，在歷史的過程中逐漸表示為明顯的哲學思想或發揮為明顯的藝術創造，及明顯的道德實踐。自明顯的哲學認識反觀之，這種哲學可以說是宇宙本體在文化中之自覺，文化也可以說是宇宙真實之延伸與擴展。

《易經》中〈繫辭下傳〉有論文化之創造曰：「古者包犧氏之王天下也，

仰則觀象於天，俯則觀法於地，觀鳥獸之文，與地之宜。近取諸身，遠取諸物，於是始作八卦，以通神明之德，以類萬物之情。作結繩而為罔罟，以佃以漁，蓋取諸離。」這裡顯然表明了文化的兩大方面——所謂觀念文化與物質文化——均取諸天地之法象。而這種天地之法象則是要通神明之德的人來發現並發用的。古之所謂聖人就是這種能夠通神明之德以法象天地的人。但所謂聖人則又不過是人之最能實現自己的人，這一點意思到了《孟子》《中庸》就說得很清楚了。《孟子》說：「大而化之之謂聖」。《中庸》則乾脆自人能參與天地之創造活動來說明聖人，也就是至真至誠的人：「唯天下至誠，唯能盡己之性，能盡己之性，則能盡人之性，能盡人之性，則能盡物之性；能盡物之性，則能贊天地之化育，與天地參矣。」文化之創造因之是人成為至聖的人、實現了宇宙創造精神的表現。而物質文明之創造則表示有德的人與天地精神之相通，及其精神生命之充實。

從上引《易經》的觀點，代表物質文明的繩罟都是聖人對宇宙原理把握後的成品。沒有對宇宙原理的把握，就不會對物質文明的器物有所發明以利用厚生。對宇宙原理之把握是精神文化，對器物有所發明則是物質文化。物質文化的創造必須有適當的精神文化為其基礎，而精神文化之發展則有待於生生不已的宇宙本體實現於人，完成於人。故一切文化之創造本源均必溯之於天人合德的宇宙真實，而一切文化也因之有其源源不絕之宇宙生命以為貫注。周敦頤說：「聖人與天地合其德」，就是說文化生命必然表現宇宙生命，個人與群體生命必然實現文化生命，因為個人與群體所創造的文化與天地所顯露的宇宙生命在其潛能上與本質上是完全一體的。有宇宙生命就必然有文化的創造，有文化的創造就必然有個人與群體生命的實現，這已明白的表現在《中庸》與《易傳》中之理想的完人——聖人——觀念上。

就《中庸》與《易傳》的聖人觀念看：上述的天人合德是起點、終點與過程的合一：天與人本源為一體，同是生生不已的生命，這是起點的一致。天與人是相互交流而無間隔，因天賴人以成，人賴天以久，天人為創造而實現同一目的，即生命的豐富與充實，這是終點的一致。天與人均必以動與創造來發揮其本源，實現其目的。故在過程上又是一致的。由於人有與天地相同的本質與潛能，故人之發展之極致可以「配天」，可以「贊天地之化育」，而因之也必然要「發育萬物，峻極於天」。至於「開物成務」、「備物致用」、「立成器以為天下利」的文化活動，也就自然成為實現天人合德的過程了。

上述天人合德的宇宙本體哲學還決定了中國文化的幾個特色：一是文化與自然不隔，文化之事即自然之事，自然之事亦具有文化的意義。物我打成一片的中國水墨畫最能表現這種精神。復次，不但文化與自然相通，文化中之道德生活亦為自然生命的自然表現，道德本身之具備美感並能充實生命也就是由於道德離不開宇宙本體。因之，道德生命不但不與自然生命相違，反足以豐富自然生命。最後一點乃是：人的生活與宇宙本體不相隔絕。若宇宙本體名為神，則人神之間毫無阻隔，而所謂神必以人為目的。一切神的大德必實現於人的生活、人的文化創造以及人的創造潛力的增進。因而人可以為神了。這是肯定生命意義的最後根據，也是實現人的內在價值的終極保障。

四、內外合用的理想政治哲學

天人合德是人的最原始的內在體驗，也是人實現自己最後能夠達到的一種境界。無論當作原始體驗或最後境界，天人合德的目的，均必指向增進全體人群生活之福利秩序與和諧。換言之，天人合德之德必須實現於現實人生中的各方面。這種德（本質與潛能）可以表現為兩方面：一是個人內在自覺的本性的實現與完成，一是個人轉化人群與世界臻於人我交融、人得以盡其本性的全體和諧與秩序。前者為內於我的修養，後者為外於我的實現。前者是率性而行的道，後者是修道而明的教。內與外是一體的兩面，有內就有外，有外就有內，故由性而生的德必然實現於轉化人群與世界的行為。中國哲學中這種內外合其用的思想不但要把個人潛能發展到極致，而且也要把這種潛能實現為具體的人類全體之福利。儒家要闡明的仁義禮智信莫不具備這內外兩面的特質：仁義禮智信莫不根植於人性之體驗與自覺，同時也莫不呈現為可行可見的移世化俗的行為。

如果我們說內是一己的事，外是多數人的事，則內外之有分無隔，正與一己之事與多數人之事有分無隔一樣。人我同屬天人合德之大體，個人之完成（亦即內在之完成）必隱含他人之完成（即外在之完成），他人之完成亦必引發個人之完成。內於己的一己之完成是所謂內聖的功夫，外於己的所有人的完成是外王的功夫。中國文化中所謂理想的個人就是內聖外王的人。這種人結合了個人與群體，結合了一人之性與全體之情，同時也實現了人之潛能於社會的實際。這不但是一種個人的理想境界，也是全體人類的理想境界。這種全體人類的理想境界也就構成了中國文化中正統的理想政治哲學。

也許有人要問內聖外王若解釋為個人與全體人類的共同底於完美，怎會是一種政治哲學呢？回答這個問題也就可以看出中國文化所孕育的政治哲學之獨特價值。中國哲學中的天，自始即表現為一種對「百姓」的關切與規範，俾使其臻於至善之境。天生養萬物，作為萬物之靈的人更是秉承天地之精英而生，自然更應得到天的關注，更應表現天之潛能。人之生，不限於個己，且包含一切的人。故天以人民為其直接關注與規範的對象。為達到此目的，乃有人君之設，也就有了政治之事。政為正的意思，治為理的意思。政治的目的乃在導民入於正理。人秉天德以生，正理當為人所固有。使正理成為實際的秩序與和諧，須賴人君的導引與規範。人君要求正理，必須尊重民情，故「天視自我民視，天聽自我民聽」。但人君要實現正理為實際的秩序與和諧，卻又不能不使自己內在的德性充實圓滿，使自己成為完美的個人，足以陶冶群民而進於人我交融安平富樂的理想社會。這不但基於一種人格的感化力量，而且也是內外相通的必然成果。故《中庸》曰：「唯天下至聖，為能聰明睿知，足以有臨也；寬裕溫柔，足以有容也；發強剛毅，足以有執也；齊莊中正，足以有敬也；文理密察，足以有別也；溥博淵泉，而時出之；溥博如天，淵泉如淵，而民莫不敬；言而民莫不信，行而民莫不說。」以這樣一個德性充實的人來導引全民臻於至善，那有不成功的道理？故天下之至聖就應該成為天下之明王。個人德性內在的充實與實現，也就有力量感化群體、充實及實現群體中所有人的內在德性了。中國文化中這種內外相互發用的思想就成了中國理想政治的基礎了。

《大學》中不但顯示了儒家的內聖外王合其用的思想，而且更進一步提出了實現內聖外王這種理想政治的步驟。格致誠正可以說是以個人的內在完美為中心的修持功夫，而修齊治平則可以說是以人際關係的完美為中心的修持功夫。後者更是推己及人，由小群體到大群體，逐步實現內外相通之潛能。這樣，政治之出發點與政治的最終目標均與個人價值的實現完全一致了。《禮記‧禮運‧大同》中所描述之大同世界不但是理想政治的安樂世界，也是全體個人實現至善的境界，個人的至善與群體的至善相合為一，這就是中國文化中理想政治的精義。

五、誠明合能的人生修養哲學

中國文化中各種心靈與生活形態都是息息相關、環環貫穿的。在這種高度有機性的文化中最基本的生活價值和思想趨向就反映也決定了文化的發展以及社會中個人的特質。中國文化由於蘊含了天人合德的形上學，內外合用的政治觀，於是個人生活之目的與個人生命的意義，自然也以達到圓融人我、實現宇宙生命創造之潛能為依歸。事實上，中國文化之注重人生哲學，注重完成自我的努力，注重人在人群及社會中之實現自己，乃是天人不二、內外無隔的思想的另一說明。由於天人不二，人從未被視為一固定不變之實體。反之，人卻被視為可以充分發展之動能。上言人可以「配天」，故人可以實現其性中所含的創造精神並以之為追求之目標。由於內外無隔，人也從未被視為只能從事獨善其身的思想與行動。反之，人被視為能運用其自身之潛能在社會中完成自己，且能更進一步完成他人。人的自我實現是「誠明合能」表現的內於一己的創造功夫和精神，人的完成他人則是「知行合體」表現的個人融通社會的實踐過程。這都是中國文化基本精神的顯露，值得我們去把握與認識的。它們不但表明一種獨特的生活圓融活潑的境界，同時也指示了一些解決有關理論問題的途徑。

什麼是誠明合能呢？前說中國文化首先肯認了實現至善理想的力行起點。循此起點會通知行就可以達到至善的目標。《中庸》裡所稱的「誠」就是這樣一個起點。這個起點是以自覺及認識世界真實和理想價值為目的。這種目的也可謂之為「明」。「誠」是人本性中體認真實、表現真實的力量，也是使生命得以擴展本性潛能、實現真實的創造力。「誠」同時也是天在人中之德，據此人道可以與天道相通。「明」乃認識理想，認識一己之潛能以及一己之制限的心靈活動，故為一種對至善之自覺，對客觀情狀之理解，以及由於此種認識與理想對一己趨善方向之選擇。

人被認為具備「誠」與「明」的特性，乃是見諸儒家經典的思想。《中庸》認為「誠者」乃「天之道」，而「誠之者」乃「人之道」。但因天人合德，人之道，亦含天之道，能夠完全自然表現這種「天之道」的人就是聖人。故曰：「誠者，不勉而中，不思而得，從容中道，聖人也。」但一般人卻可以透過對善的認識去把握善而力行之。這就是「誠之者，擇善而固執之者也」。人能夠擇善乃是由於人之本質為誠為善。故人之「明」亦為本然之「誠」之發用，而這種本然之「誠」之發用即「明」，卻又能夠引發「誠」的潛能執善而行，「明」亦成為「誠」的一種推進力了。「誠」「明」相互為用，「誠」「明」同為一體之能，這也就是《中庸》所說之「誠則明矣，明則誠矣」的道理。

「誠」「明」為實現主體於客觀世界而不喪失主體之兩種相輔相成的動力。無「誠」則無主體可言，無「明」則無客觀世界可言。「誠」「明」合能故主客同時肯定，而一己之在世界中得以完成乃誠明合能之動的作用。這種作用自其主觀以達客觀言，謂之性的本能，性的本能就是「自誠明」；自其客觀以充實主觀言，則謂之教的功效，教的功效就是「自明誠」。由此人既能致明又能致誠，因而必能盡己之性以盡人物之性，也就把世界化為我之精神，而我之精神也可貫注於全世界了。因而可藉此作為實現內聖外王之道的基礎。這就是一己人生修養的最後及最高境界。

從這種誠明合能的人生修養看，人的價值乃根植於人之內在獨特主體力量「誠」以及依循正理以發展成為個人的自覺認識「明」。這樣的人性觀充份表現了中國文化中的人是有個體性的獨立自主存在，但同時又是具備普遍社會性的關係存在。人結合了獨特的個體性以及豐富的社會性。人可以自主自立以抉擇至善的途徑。這是中國文化中之人本主義精華，是把對人性之信心提為最高的價值。這種價值也就成為中國文化充滿個體生命、創造生機的理由。

自《中庸》「誠」「明」合能的觀點，我們還可以認識一個真理：如果把人當作中心及不可分之基本存在，則知識與價值（包括道德價值）之對立問題亦可迎刃而解。知識之增長是根植於知識的價值之肯定，這是「誠」的表現，「誠之」的功夫，而增長知識卻是「明」的活動。如果「明」引發「誠」，「誠」引發「明」，則知識愈增長，人把握善的能力愈堅定，把握的善也愈深刻。價值

（善）把握愈堅定愈深刻，則知識愈增長、愈充實。於是個人之性，天地中人物之性，均得以充份實現，而達到一創造性的豐富宇宙與世界，如上述天人合德及內外合用所表示的。

《大學》謂物格而後知至，知至而後意誠，則是採取了「明則誠」的觀點。但《中庸》相對的卻強調了「誠則明」的觀點。兩者都表現高度的人生修養哲學，使人的價值得以完全實現。這是中國文化內在的獨特價值。

六、知行合體的社會實踐哲學

「誠」是實現及創造真實的力量，它的發用及擴展需要知慧的指引與規範，使其不流於混亂與糜費。表現知慧的心態是「明」，因「明」而能洞察真理與實際乃是「知」。「知」與「明」為一物，但「明」是一般性的知的狀態，「知」卻是一般心智對特殊事理的「明」。「明」能啟發創造真實的「誠」，「知」卻能把「誠」的動能實現到人的行為上，使「知」的理想變成行的實際。故誠明合能亦必導向知行之一致。這種對知行一體的認識也是一種「知」，一種「明」。因這種「知」這種「明」而做的行的功夫，也就是行的最好表現。這是中國文化所孕育的另一重要的思想元素，使中國文化變成在宇宙中最能實現生命，在群體中最能完成個人的文化。王陽明由他自己的體驗中肯定了「知行合一」，但這個思想卻在早期儒家經典中隱約的透露出來。《易經》的「天行健，君子以自強不息」的聖人觀，就是以「知以成行，行以見知」為基礎的。宇宙本體是動是行，「明」與「知」也不能不以動與行為本體，為依歸。

「知」之來源不外於對「行」之密察，「知」之對象也不外於具有普遍性的「行」。故《中庸》所說的知的來源與對象就是所謂「君子之道」，而所謂「君子之道」則是「造端乎夫婦，及其至也，察乎天地」。孔子論「君子之道」亦強調「遵道而行」。但「遵道而行」卻又離不開「文理密察」，對君子之道有全體認識，於是才能做到《中庸》所說「君子動而世為天下道，行而世為天下法，言而世為天下則」。孔子說：「庸德之行，庸言之謹，有所不足，不敢不勉，有餘不敢盡。言顧行，行顧言，君子胡不慥慥爾。」行顯然是人生的目的，言卻代表知的活動。行可成己，言可以成人。故兩者均要謹慎為之，使其相互一致，才能收到成己成人的效果。《中庸》裡說：「博學之，審問之，慎思之，明辨之，篤行之。」也是把行當作知的展開，把知當作行的基礎的。

透過天人合德的本體觀，誠明合能的修養論，我們不難體悟到知行本為一體，內外本無隔閡，人我亦無阻障。陽明說：「知行如何分得開，此便是知行的本體。」又說「知是行的主意，行是知的功夫，知是行之始，行是知之成」。這都不是偶然的事。由於知行合體，而此體即為人之本性，則說「行是知之始，知是行之成，行是知的主意，知是行的功能」，亦屬可通。

知行合體完成於個人在社會中道德的實踐。成己以成人，但成人亦為成己。這是代表中國文化中所含中國哲學之精義。人不可能離群索居來實現其潛能。人必須在人群中發展自己，磨鍊自己，完成自己。因之，人之所有的行都應有社會的意義，亦即都應針對一種人際關係與人際情況而發生的。前述內外合用時即已指明此點。此處就知行合體說，人之知必運用於增進社會和諧之行上。因之行就表露在對人的德性上。這種德性不外於仁義禮智信等，但其為達到維持及充實社會和諧，價值則一。故《中庸》曰：「天下之達道五，所以行之者三：曰君臣也，父子也，夫婦也，昆弟也，朋友之交也。五者，天下之達道也。知、仁、勇三者，天下之達德也。所以行之者，一也。或生而知之，或學而知之，或困而知之，及其知之，一也。或安而行之，或利而行之，或勉強而行之，及其成功，一也。」

知與行最後的目的都是一樣。都是在充實社會和諧的價值，使基本的人際關係得以舒展，因而使人之潛能得以高度發揮。這就是成己成物，成物成己，個人的完美與社會的完美相輔而成了。中國文化中之正統思想強調這種社會實踐，乃是把全體的人所有性能之發揮與實現定為最高之善。就這點來說，天人合德，內外合用，誠明合能，知行合體是同體而相互為用了。這是中國文化高度有機性的另一最好說明。

七、結論

我們在上面討論了中國文化所包含之四種最基本的原理：天人合德的宇宙本體原理，內外合用的理想政治原理，誠明合能的人生修養原理，以及知行合體的社會實踐原理。這四種基本原理是中國文化精神及命脈之所寄，也就是中國文化獨特價值之所在。我們也一再強調這四種原理本質上是相通的，這也就表明了中國文化所具有的「一理萬殊」、「吾道一以貫之」的特質。這是中國文化之潛力所在，以易簡的一本發用為萬物萬事；變通創新而不失其本來之真。這種精神與特性也就是《中庸》所謂之「大本」，所謂之「達道」。儒家的持中哲學也就是這種大本達道之發揮。上述四種原理的共同點為融通合一。天下之異可以不礙天下之同，天下之同當可並容天下之異。這四種原理之最高理想都是要以同容異、以簡御繁為至善的內容。故發揮此四種原理，亦足以解決當前多元文化相爭相持的衝突問題，使世界文化逐漸進於大同之世。西方文化強調二元對立，使之陷於極端決裂。近世西洋人思想價值與文化生活所面臨之種種問題，大都導源於此。西人已漸有覺醒，中國文化之四種原理適足以為其對治之方。此四種原理所蘊藏的創造不已、自強不息的樂觀自信的人本觀，尤足以解除和彌補近代西洋人內心之惶恐與空虛。此種最實際之價值，實不容任何討論中國文化價值的人所忽視。《中庸》有曰：「誠則形，形則著，著則明，明則動，動則變，變則化，唯天下至誠為能化。」這是中國文化所表現的創造過程。《中庸》又說：「故至誠無息，不息則久，久則徵，徵則悠遠，悠遠則博厚，博厚則高明。博厚，所以載物也。高明，所以覆物也。悠久，所以成物也。」這是中國文化所蘊藏的創造潛力。自此創造過程與潛力觀之，中國文化之獨特價值也將如《老子》所說：「虛而不屈，動而愈出」了。

後記：本文所舉中國文化之四種基本原理皆自儒家立論，也許有人謂中國文化的價值當不盡於此。中國文化之中，除儒家正統外，道佛諸家自亦有其重要貢獻。此文毫無漠視儒家正統外其他諸家價值的意思。要而言之，無道佛之流傳及影響，亦無以見儒家之真精神。道佛對中國文化之貢獻甚大，容另為文論之。再者本文所舉代表儒家正統的四種基本原理的共同精神——所謂融通合一的精神，亦見之於道佛，而為西洋諸流派所無。唯道佛之所融所通所合所一，可能在對象、目的及過程上與儒家正統有所差別。

中國哲學與中國文化

前幾次有幾位先生從不同的角度來談中國文化，有從歷史的，有從地理的，也有從二十世紀的觀點的。今天本人要用哲學的眼光來看中國文化有何長處，哲學本身對文化有何影響，文化在中國哲學中表現出何等精神。在進入正題之前，我們需要對文化和哲學兩個觀念有所了解。什麼是文化？什麼是哲學？兩者在歷史的實際過程中代表何種意義？

一、哲學與文化的界說及兩者的關係

哲學和文化可以相對的下一界說。如果了解這兩個觀念及其所包含的意義，我們就會了解文化在哲學中的意義、功能、及用處，並且可以了解哲學在文化中所佔的地位、兩者的關係、及彼此的影響。過去的學者對文化和哲學雖然下過不同的定義，但這些定義的基本精神都是一樣的。至於我們對文化和哲學下相對的界說，則是前人未嘗做過的工作。

哲學是和文化相關之物，即是思想的文化。人和其他動物（物體）不同之點在人能「思想」及作「有意識的思想」。這種思想和意識活動就是構成人的基本條件。因為人有意識，所以能產生思想的系統。這是對意識本身的一種了解。

緣此，我們可以將思想分為兩個層次：

一、對世界事物加以認識及了解。

二、對思想再作思想。

因此哲學也可以包含兩部分：

一、對外界對象作系統的、邏輯的、理性的、批評的了解，從而得到知識及真理。

二、對思想本身再作批評。

所以哲學不是任何人的任何意識，而是合理的、全面性的對思想本身的批評。由這觀點看，哲學就是思想的發展，是有系統的、理性的、邏輯的、批評的思想，這種發展也可稱做「文化」。如果將文化當作一種活動，那麼哲學是一種價值上、思想上的活動。如果將文化當作人的成就，那麼哲學就是人在思想上的成就。文化包含的範圍很廣，包括語言、宗教、藝術、科學、及人類社會的活動（如政治、經濟、教育等）。文化是生活的內容，除包括物質文化之外還有思想的、精神的文化，這種思想的、精神的文化就是哲學。所以哲學是「思想的文化」。哲學在文化中佔很重要的地位，它代表人類的基本欲求及滿足後的精神感受。這是在人類的發展中必然得到的結果。

文化是人類的生活、活動，或活動所表現的形式。也就是人在全體生活中經由思考所創造出來的生活方式和生活工具，藉此而實現人之為人的價值。文化可以劃分為主觀、客觀兩項及主動、被動兩項。這就是哲學家和歷史學家分別「文化」與「文明」不同之處。人類思考出諸生活，必定有其具體成果。實際生活的成果就是文明，也就是說文明是人類思考活動的成果，可以是藝術品，也可以是都市建設。文明是看得見的，可以對其作客觀的觀察，成為社會學、人類學研究的對象。至於文化，則是人類本身的活動，是人類本身的創造能力、意識活動、及價值觀念，是看不見的，是生活的主體。因此無文化就無文明可言，過去文化的成績就是文明。如果將文化當作心靈活動的價值及態度，則顯然文化和思想有關，所以文化就是哲學，是「生活的哲學」。

哲學是心靈的創造，是對世界的一種認識與價值的把握，以及對人本身的理想的實現。因此沒有哲學也就沒有文化可言；因此只有人類能把握心靈、精神的力量，能做有創造性的思考；也因此才能有所發明，才能創造文化。各位可以看出整個人類社會歷史中文化的發展，都是人類意識的活動及對外在事物的把握，然後創造發明，使人類生活進步、豐富。反之，如果沒有這種觀念、意識、及把握，人類生活就不能改進。這是人和其他動物不同之處。哲學不僅能創造文化，也可以代表文化理想，凡是能代表文化的理想目的與目標的就是哲學，哲學告訴我們能做些什麼？能有何成就？哲學代表文化的理想及其可能的實現。

文化是人在實際生活中的體驗，可以幫助我們了解人需要什麼？追求什麼？也可以幫助我們了解甚至創造新的哲學觀念。我們的理想並不是不變的，我們從現在的生活中了解過去的文化精神和發展新的精神，並能完全的把握它、實現它。我們研究當前生活中所發展的文化意義，不是當作過去的過去，而是當作現在的過去，使哲學幫助我們了解文化，文化考驗哲學是否有新的活力、新的內容。文化本身既是生活的內容，所以「文化能考驗哲學並充實哲學的內容」。如果將哲學與文化分開，文化將會無法進步。

二、中國哲學的優良傳統

我們要了解中國文化，不能不了解中國文化理想的基本創造原動力，這種基本創造原動力就是中國哲學的優良傳統。如果對這方面把握不住，一定不能把握住中國文化。我們可從幾方面加以考察。過去中國有很多學者在中國哲學方面做了很多的考察，對現在的研究的確很有幫助，但有些人認為中國人沒有西方所說的哲學，因之認為中國人沒有哲學，這點是無法成立的。我認為中國有哲學，中國哲學甚至也能引申出西方所謂的哲學。只要各位仔細考察，就知道中國哲學內容相當豐富。我們要了解中國哲學是什麼，就必須對其本身所包含的部分加以了解。茲提出六點說明於後：

㈠倫理學的傳統

有人以為中國文化是倫理文化，西方近代文化是科學文化，希臘古典文化是哲學文化，印度是宗教文化，日本是精巧藝術文化。這是比較籠統的說法。中國的倫理學有五個基本觀念，都各有其必然與普遍性，是相當重要的。

這五個基本觀念是：

1. 仁　這觀念早在《尚書》中就已出現（在〈仲虺之誥〉裡提到「克寬克

仁，彰信兆民」），到孔子就非常的重視，視為做人最基本的道理。人如無仁，就無法把個人的價值生活完成於社會之中。仁的觀念說明人的本質及理想。仁就是同情別人、愛人，也就是了解別人。仁不限於實現自我，在整個社會中，必須對別人有所了解、同情、尊重才能實現自我。因此仁是注重全體性而不是個人的滿足。「仁愛」就是「恕」，就是「己所不欲，勿施於人」，這是最基本的道德觀念。實際上西方傳統對這觀念也有所說明，例如基督教中或康德哲學中的道德原則。但相對而論，中國發生此種觀念較早，西方較遲。譬如中國的孔子早在西元前五世紀就已提出關於人的基本理想和人的本質的觀念。

2. 義　義是社會中人與人間來往的準則，即是代表「善」(good)或「對」(right)的行為準則。因此義就是適當的實現善的行動。這可說是中國倫理學很基本的觀念。

3. 禮　在整個群體中，人的行為能達到和諧，能實現價值的，即是禮。禮可使生活有美感，可以造成秩序，其最高目的是和諧，希望人間沒有摩擦。人類的習慣和規範是隨時代而改變的，因此，現在講禮並不是講求古代的禮，而是講求避免摩擦，維持人間的秩序；由禮所產生出來的法，也不是注重死板的法律，而是由法律中自發地實現善。所以從精神方面看，禮是倫理生活中很重要的一面。

4. 智與信　所謂智並非指世界知識，而是指善惡知識（道德知識）。人的不同於其他動物，除有知識外，還有道德，不但行為是善的，也知道自己行動是合乎善的。這是智的基本含義。信是對價值的有恆把握，是對仁、義、禮、智諸原則做基本的把握。換句話說，是人與人間能夠協調的基礎。人如無信，其行為就沒有固定性。「智」與「信」在中國傳統倫理學裡也是很重要的觀念。

(二)形上學的傳統

形上學是倫理學的「存在」基礎。形上學是看不見的，是最後的本體的把握。談倫理學是不能不談形上學的。中國形上學的基本觀念之一是「天道」的觀念，中國提出這觀念的時間很早，認為宇宙中人與社會都是和諧的、有秩序的存在。這種和諧代表價值，人是可以完成此價值的。「天道」本身的流行，表現為「陰陽」，天道是本體，而陰陽是其功能，陰陽的變易表現出宇宙是一個不斷創造的過程。

宋、明時代的形上學發展出兩個基本觀念，即「理」與「氣」的觀念。世界是合理的、有原則的存在。理是原則、客觀的秩序條理，氣則是存在的實際。因此人的實際存在可以而且應該是理性的、有條理的、及自然的。這兩個基本觀念說明了「人為何是人」和「人生為何有價值」，而且我們可以在客觀的宇宙內找到根據。總之，中國哲學內有形上學，中國倫理學也有形上學為其基礎。

㈢政治與教育思想的傳統

有關政治的思想在中國哲學傳統中佔一個重要的位置，同時也有相當的深度。政治思想傳統的基本觀念是「貴民」，中國屬於士大夫階級的知識分子從春秋時代的孔子以來對「民」的觀念一向很強調。孟子曾引《尚書》上的話：「天視自我民視，天聽自我民聽。」又說：「民為貴，社稷次之，君為輕。」這說明政治的目的是「養民」，使人民有豐富的生活，能實現價值。這是政治的理想，可以透過教育手段及人的基本修養實現出來。

關於教育的基本觀念則為「貴德」。這觀念在中國教育哲學中也有其特點，認為教育的目的是要充實人的「德」性。人本有「德」，如不充實發揮，則退不能「獨善其身」，進不能「兼善天下」，這也就是一個人不能在社會中實現人之為人的理想。

㈣科學與名學思想的傳統

中國原本沒有近代意義的科學，我們現在的科學是由西方傳入的，是外來的西方產品，這點我們自然不可否認。但是如果將科學當作對客觀事件的了解而得到的知識，然後將其應用，達到人類生活與社會生存的目的，則我們可以從中國哲學裡找到這種精神。我們可以看出《易經》已將宇宙的事物分為兩面，即所謂「形而上者謂之道，形而下者謂之器」。「器」就是客觀的事物，這種客觀的事物要從自然現象中去了解，去利用，發現其價值及效用，以作為人的價值。因此，「器」的觀念、「物」的觀念、「用」的觀念，是和「科學」的觀念分不開的。《尚書》謂「人惟求舊，器非求舊，惟新」。人事是由「求舊」，講究經驗傳統，而實現其價值。但在器用方面，實現功用方面，卻講究求新。這種求新的精神就是利用外在的事物達到人的生活目的，即所謂「開物成務」。利用外在事物以成務，就是科學精神。中國強調應用科學於人生，事實上科學本身也具備這種條件。現在的科學，不論物理、化學，都是對外在事物的了解，並不能離開人而存在。科學本身的效用在為人服務，也就是所謂「開物成務」，所謂「器用」。中國的《尚書》裡已表現這種精神，但不曾將其發揮，不曾進一步的利用、建設、及試驗，不曾徹底的發展成為了解世界的自然知識。因此中國科學落後，不如西方發展那樣快，也不是偶然的。我們可以從《尚書》看出帝堯注意曆象的措施和大禹開山平水的業績，這些天文、水文的成就，就是中國過去科學的成就。《尚書》內將天文、水文的知識利用以厚生的精神，就是中國科學的基本精神。它是把對外在事物的了解，用來實現人類的理想。因此，今日對科學的概念和認識，可從中國古籍中得到很好的印證。如將科學與人的價值分開，科學就會變成很危險，甚至傷害人的工具。

科學應有其邏輯基礎，這種邏輯基礎即中國哲學傳統中的所謂名學思想。我們可以從《墨子》書內的〈大取〉、〈小取〉、及〈墨辯〉諸篇看出中國非無邏輯學。邏輯對思考本身要求合理，合於理性的表現，講究思想的一貫，論證的一致。

㈤宗教思想的傳統

關於宗教傳統，中國除道家外還有外來傳入而經中國思想融滙的佛家。佛家提出了「容忍」的觀念。其所謂「判教」，就是將宗教分為很多層次，從很多層次上去了解宗教的價值。「判教」表明了容忍精神及對事物的包容精神，因而擴大了中國人的心靈境界，使人的精神生活得以豐富。這說明了中國並非沒有宗教，更非沒有宗教精神。這可說是佛家的貢獻。因此，我們也不能忽視佛家在中國哲學傳統中的價值。

㈥藝術與文學思想的傳統

關於藝術與文學思想的傳統，可以從儒家的思想去觀察。儒家的基本觀念是：文學與藝術代表人的自然狀態，是善的。所以文學、藝術表現善，是善的實現。這說明「文以載道」的觀念並非毫無根據；相反的，它是和儒家哲學相通的、一致的。所以文學、藝術是崇高的，不是隨便的活動。我們可說一部分中國的文學、藝術傳統，是中國儒家的文學、藝術傳統。

至於中國的詩畫方面，則道家的影響不容忽視。莊子對中國的詩、畫影響尤大。莊子的哲學為詩、畫開出了精神的空靈境界，讓人在有限中找到無限，使生命充滿美感，使生命充滿自由。

我們要了解中國的哲學，必須觀察其優良傳統，所以我特別將中國哲學的優良傳統加以說明。

三、中國儒家哲學的特質

對中國社會的發展、生活、中國的制度、及整個歷史的發展具有絕對影響力的哲學是儒家。因此，我特別在此將儒家哲學提出討論。中國的儒家思想並不是單項的發展，過去很多學者對儒家學說作單項的說明，而不注意其統一性之外的複雜性。中國儒家有四千多年的歷史，其發展具有很多層次，而且是多方面的。我們想批評儒家，必須先對其複雜性與其各層次有所了解。約略言之，儒家可分為兩個層次：一是哲學方面，代表儒家的精神、理想；其次是表現出來的文物制度，這些文物制度可以透過儒家思想而得一解釋。

哲學和文化是一體的兩面，是彼此相關的，哲學可以影響文化。而儒家哲學一方面表現為哲學，另一方面也就表現為文化，儒家的文明就是中國的文物制度。因此，中國儒家哲學是可以解釋中國的文物制度的。至於文物制度有否缺陷，是另外的問題，其所以有缺陷是由於未能將哲學家的理想實現出來。我們批評儒家必須注意到這兩方面。我們所批評的是歷史中實際的文物制度，或許因時代的不同，其理想價值的實現和社會目的的完成可能發生問題。但代表理想價值及社會目的的哲學本身並不因此受文物制度的實際的影響。換句話說，我們批評文物制度的缺點，並不包含對其哲學精神有所批評。也許正因我們能把握住儒家的哲學精神，我們更能批評中國歷史中文物制度的缺點何在。儒家哲學的特質是屬於哲學本身而不是屬於文物制度的。

五四運動以來對傳統儒家的批評，現在再加考察，則顯然有很多問題。譬如批評中國的禮教，是從文物制度方面作批評。現在的青年人對儒家存有誤解，也是從習慣方面作批評，但習慣並非儒家的原始精神。要研究儒家，應研究其哲學精神，不應就其未達理想的習慣而論。如此，我們的批評也就不會斲喪了中國儒家思想的優良傳統。

關於中國儒家的特質，我們可以分為四點來說明：

㈠生生：

「生生」的觀念是儒家最基本的觀念，是一個形上學的觀念，同時也和倫理學有關。倫理學談人生的道德價值，不能離開對世界的認識與對人本身的認識。人如想了解人的行為價值，一定要先了解何為宇宙，何為生命。這是儒家的理想，也是「生生」的基本意義。這種說法認為生命就是宇宙現象的流行，整個宇宙是大生命，具有創造性，充滿和諧，並不認為宇宙是虛無縹緲的。宇宙是和諧的過程，是生命的過程，也是創造的過程。生命本身是和諧的，是不斷的創造。這種生命的過程及生命本身的創造就是生活。所以生活就是生命本身的創造，創造本身的創造。生活本身創造和諧，是無限的，是價值的保留及充滿。而整個宇宙是有意義、有價值的宇宙。人類生命的意義是由宇宙而來，人類的思想和宇宙的精神是相連的，這是「生生之謂性」的精義。生命本身是一個基本過程，其本身是善的，是有形的創造。「善」的觀念就是創造，就是對宇宙本身的了解。因此儒家講「人性本善」並非偶然。然則人性究竟是「善」或「惡」？我們從宇宙本體來講，「善」是必然的道理。因為宇宙是善的，所以人性本善。如果認為人性本惡非善，則「善」的本身的觀念就有了矛盾。

(二)盡性：

人是宇宙間渺小的生命，但也充滿整個宇宙，因為宇宙的生命要在人的生命中表現出來。人要求自己的善在生命現實中完成，能滿足這要求，這就是「仁」，也就是「盡性」。《中庸》提到人類的本質就是「知命、盡性」以實現宇宙的價值，足見「盡性」是《中庸》的基本觀念。至於「誠」，則是對人的「善」的認識，「誠」即是「善」，是人與宇宙共通的精神。實現人性，可稱之為「誠至」或「至誠」。「誠」是將自己的善表現出來，人要實現自我，但不應只求一己的滿足。因為人是自然中的個體，是有限的，如不實現自我，則個人只是有限生命的個體而已。人應將自己的潛在能力表現出來，了解自己、實現自己的善，使生命充實、豐富。此即所謂「盡己之性」，也就是「誠」。

所謂「盡人之性」，是使人由實現自己的過程當中去實現他人，個人不能代表什麼，必須牽涉他人才有個人存在的意義。人的存在必然涉及社會的存在，兩者有密切的關係。如想了解人，必須了解自己和人的關係；要實現自己，必須同時實現他人。能實現他人，才能實現自己。也就是將人的價值化為社會的價值，這就是「盡人之性」。

而所謂「盡物之性」，即是「開物成務」。人的社會生活在自然世界中一定是要有所安排的，所以我們對物質本身及環境本身應有所了解，能使人的生活與自然的生活產生和諧與秩序。中國的形上學思想，是認為人與社會的生命是相通的，人的和諧與自然的和諧也是相通的。所謂「盡物之性」或「開物成務」即是了解自然，使其實現人的價值，成為人類生活的一部份。這是科學的應用，也是科學的目的。

「盡物之性」、「盡人之性」、和「盡己之性」是相貫通的，這都是以實現「至善」為最後目的，使人類得以滿足，人類與宇宙的生活能夠和諧而有秩序。

㈢天人合德：

關於「天人合德」的思想，自先秦至漢已有充分的發展。自然宇宙與人的個體相關，它們之間並無衝突，是一體至仁，能完全統一，能產生和諧。天人間的和諧是自然的。人對宇宙和諧的實現可以透過科學、藝術、道德及宗教來完成。所以人與天的和諧是造成人類福利的基本條件。我們應特別強調這點，因為有許多錯誤觀念的形成是由於認為自然與人是對立的。如果這種天人相對立的觀念是對的，人顯然會遭受自然的迫害，或人將為自然所完全控制。對於這點，儒家的看法是人與自然是和諧的，也就是強調人本身的目的。我們如能把握住此目的，而將其實現為人的價值，就能把握住「天人合德」的基本觀念。

㈣知行合一：

「知行合一」的觀念並非到王陽明才提出的，在中國思想史中很早就有這觀念存在。《論語》裡解釋得很清楚，「君子」是言之可行的，人的思想與語言是一致的。《大學》及《中庸》也強調理解與力行並重，行為的實現已含理解的成分，理解也一定具有傾向要在行動上表現出來。「知行合一」的理論在儒家哲學中也是相當重要的一部分，到明代王陽明才把這精神及功能予以充分的發揮。

四、中國文化的特質

對中國文化與中國文化的前途，我們應採取何種態度？我認為哲學與文化是彼此相關的，文化是實際，哲學是理想。我們可以從哲學觀點來認識文化，先了解中國哲學的優良傳統及其基本特質，然後尋找出中國文化的特質。不可否認的，中國文化也有其缺點，這是值得大家檢討的。而缺點的形成由於人不能完成其理想，理想和實際無法配合。為補救這缺點，我們應對中國文化的短處加以批評及探討，然後才能實現理想。但在此處，我只提出五點特質來說明中國文化。

一、中國人很講究「人格」，人不希望自己只是沒有價值的社會成員或工具，希望個人有個人的價值，受人尊重，並且自重。這種「個人人格的實現與完成」，是中國文化特質之一。

二、「倫理價值的充實與發揚」也是中國文化特質之一。近代中國社會不斷受二十世紀物質主義、科學主義的影響，但依然可以看出中國人仍是講究人倫的。不管思想如何的走在時代的前端，誰也不能否認中國人對家庭和親情的重視。中國人在朋友關係上講道義信守，在家庭關係上講父慈子孝，是因為人在其中可以得到滿足。即使身處二十世紀，我們也能體會到這特質本身的重要性。

三、中國整個社會要求溝通個人的人格和家庭的價值，其特徵在禮樂方面的了解。中國人喜歡講禮，也喜歡在生活中得到和諧，在藝術中得到美感，這可說是中國文化的長處。中國人喜歡利用閒暇談天，足見中國人特別強調人世間的價值。這種人世間價值表現在「禮」、「樂」方面，便形成「禮樂社會」和「仁民政治」。

「仁民政治」也是中國文化的特點之一。考察中國的歷史，歷代賢明君主的目的都在使人民生活安定，進而使倫理價值充分的實現。

四、「愛好和平與忍耐的美德」也是中國文化的特點。愛好和平是中國人的特質。中國人有大同世界的理想，對鄰邦採取和平精神，所謂「和平」就是愛世界、愛人類的精神。因為愛好和平，所以也就有忍耐的美德。這些特點都是儒家精神的發揮。

五、中國社會裡最重要的特點在「倫理、藝術與宗教的會通」。倫理、藝術與宗教會合起來表現在生活中。因此，佛教有佛教的藝術，儒家也貫串有宗教的精神，而中國藝術內也表現道德、宇宙生命及實在的經驗。由此可見，倫理、藝術與宗教會通並不構成衝突，而是和諧的，有秩序的。

五、中國文化遭受的危機

我們要知道文化本身發展的過程，並不能固定不變。同時，文化也有其柔弱的一面，尤其在創造文化的個人本身有問題時，文化可能就會發生危機，這點雖可解釋中國近百年來所面臨的問題，不過還有其他的因素。中國文化遭受的許多危機的因素，一方面是內發的，一方面是外來的。

自外來的因素言，列強暴力的侵略是中國文化發生危機的主因。中國文化一直在自然環境內發展，有很長的時間未和其他的文化接觸。一旦和強有力的文化接觸，就感受到巨大的壓力而發生危機。因此近百年來中國文化的危機，固然由於中國文化本身的創造力未完全發展，但受西方列強侵略的影響卻更大，使中國文化遭受了很大的打擊。

在上述情況下，我們要對中國文化有所探求和認識，要求重新對中國文化加以檢討及批評。今天我們談中國文化就是採取這種態度，面臨世界的潮流做一種新的估價。現在我們要避免的不是外力的壓迫，而是在內在文化創造或接受外來文化時所挾帶的自卑崇洋心理。這種心理認為中國文化毫無價值，只有西方才有最好的文化。這種對自己文化的否認使我們沒有辦法站穩腳跟，沒有辦法接受好的外來文化。這種自卑崇洋心理能使社會散漫以至瓦解，使中國人變成不是中國人。這是中國文化很大的危機。

其次，另有一種反對派，認為西方文化毫無價值，而中國樣樣都好，要關起門來，不肯發掘中國文化的現代意義，不將中國文化創造的意義及理想實現出來。各位要知道中國文化並未完成，過去的成就只是開始，只是一個未完成的作品而已。了解這點，我們就不會故步自封，痲木不仁，中國文化纔能開放的、自行的去創造，並要求理想的實現。這種故步自封的痲痺態度也是中國文化的一個重要危機。

最後一個危機是理想和實際的分離，缺乏理想及理想和實際不能配合同是中國文化最大的危機。我們必須從中國文化中發現理想，然後再將中國文化的理想與實際相配合。不涉幻想，不唱高調，要在文化上創造新的境界。

六、如何振興中國文化

振與中國文化應做的事相當多，但從中國哲學觀點來看，應該如何去振興呢？簡單的說，就是要抓住中國文化的創造精神，將中國文化的理想與實際配合，找出優良傳統的現代意義，並不是盲目的去復古。現在提出四點意見來討論：

㈠要加強研討中國文化的興趣：

過去我們對中國文化並不是沒有興趣，而是對這方面的興趣不夠深刻。尤其現在，青年人對知識本身及價值本身並無深刻的認識，所以對很多事漠不關心，眼界很狹，馬虎短視的過日子。在學校裡，很多人對問題的認識、真理本身的認識不夠認真，只是敷衍了事，這是很不好的現象。我們應在文化內有所發現，有所改進，不能只顧目前的興趣，專為實現短暫的個人目的而致力。要復興中國文化必須真正的、深刻的去了解及探討中國文化，從歷史、科學、社會、經濟等多方面去了解。了解是認識的基礎，也是客觀批評的基礎，經此才能談到整頓。因此，最重要的不是死板的去接受中國文化，而是去了解，用現代人的求知方法去虛心學習，用求精求新的態度去改進。

㈡要培養科學思考的習慣：

現在一般人，尤其是青年人，如果要了解自己的傳統及自己在社會中所佔有的地位，而不願敷衍的、馬虎的做一個庸材，一定要有清晰的思考和嚴謹的方法。因此，科學思考的習慣必定要加以培養。中國人現在還沒有科學思考的習慣，做一個現代人而不能把自己的思考說出，怎能讓他人了解呢？怎樣能面對世界呢？怎樣能和外國人議長論短呢？我在國外，看見外國青年頭腦很清楚，因為有客觀思考的習慣，所以能說理由，說話也有條理。我覺得我們的青年人也需要有這方面的訓練。如果沒有這些基本訓練，我們如何能了解中國文化呢？如何能把握住中國文化的優點呢？所以我們要振興中國文化，在思考訓練方面一定要特別加強。單單模倣技術是沒有用的，現在青年人一窩蜂全去學理工，畢業後成專家，如果沒有科學思考的方法，不能將其思考方法讓更多的人了解，作用也就有限。要振興中國文化不只是要造出科學專家，而是要一般性的加強科學思考的習慣。如此，才能把中國文化把握住，才能使中國文化發揚光大。

㈢要建立倫理生活的標準：

現代中國的社會中面臨很多現代人類的問題。因為二十世紀工業發達後，人類創造出很多新的科學成就，改變了一般人，尤其是青年人的生活，所以在生活中產生很多問題。我們不能只是依靠過去傳統的生活方式一成不變的生活下去，我們要找出過去人類生活的價值及現代人經驗的價值。我們不應只機械的接受傳統的倫理，必須要用創造的態度建立倫理的標準，適合現代人的生活，同時要將過去的價值貫注於現代人的生活中。現在的物質文明進步，但是倫理生活的標準仍是需要的。人與人相處應採取什麼態度？人生活的目的是什麼？都應建立一個標準。

㈣要發揮「仁民愛物」的精神：

振興中國文化應發揮「仁民愛物」的精神，就是要將我們自己的文化變成普遍的文化，我們的理想變成普遍的理想，也就是不應把自己的文化當作狹窄的目的。應將中國文化發揚出來，貢獻給全人類，所以「仁民愛物」是要將自己的文化普遍施濟於全世界全人類，使能實現全世界全人類的價值。這是振興中國文化應有的態度。

七、知識分子對社會與文化的責任

知識分子對社會與文化有兩重基本的責任。第一，我們應了解我們的生活，我們不應將自己閉塞起來，應有面對現實的勇氣，有將現實把握住，然後加以批評的責任。第二，作為知識分子，我們應將理想提出，努力求其實現。總言之，我們要社會進步，就必須首先了解社會，然後提出理想，求其實現。這就是我們對社會與文化的兩重責任。今天正值中國文化振興的前夕，希望大家對此一振與文化的任務，共同努力。

當前中國青年的思想與性格

一、無性格的思想與無思想的性格之自我批評

如果我們摒除偏見與主觀，拿出勇氣來作自我批評，我們將可發現，就當前中國年青一輩的知識分子的性格言，乃是無思想的性格（thoughtless character），就其思想言，乃是無性格的思想（characterless thought）。為什麼我們的性格是無思想的性格呢？因為我們生活在習慣與因循中，並沒有經過思想批評的洗鍊，發揮出性格的光芒來。為什麼我們的思想是無性格的思想呢？因為我們不注重思想，並未把我們的生命與時代連繫起來，也未堅定地去追求一個

理想，發揮出信心和原則的力量。

二、對西方漢學的淺薄性與隔離性之批評

這種無思想的性格與無性格的思想，似乎刻劃了一般的年青人（自然也有例外），尤其刻劃了一部分在美國的年青中國留學生，其中更包含一些在美國大學教授中國思想的中國知識分子。他們口裡講中國思想，並未對中國思想作過沉潛涵泳的功夫；又未接受西方學術的本科訓練，對西洋的了解不外一知半解，是以附會穿鑿，並應用某些專有名詞以表現自己若有所知，或令人以為若有所知；對中國的了解亦只限於戶外徘徊，基本文字與思考大都不免流於粗糙和膚淺。他們之所以敢談中國思想乃基於西洋漢學的訓練。於此，我們不能不對西洋漢學作一較嚴格的批評。

西洋漢學原為大雜燴的學問，早期漢學不外描述若干附會的事物，其較佳者往往對一經一典有特殊興趣，因而作專門性的考證與研究。一般漢學家則往

往汎論一切，既無體系可尋，又無深度可言。再者，他們對自己的學術沒有專門訓練，以論中國歷史，則無歷史學的規格；以論中國文學，則無文學批評的幅度；以論中國思想，則無思想史與哲學之標準。因之往往產生似是而非、荒謬錯誤的見解。如法國漢學家 Granet 與 Maspero 討論中國思想推理，不但武斷而且曲解，即因他們並無邏輯的知識之故。又如英人 James Legge 與 Hughes 之討論中國宗教，往往以基督教的觀念相比附，因彼等並無宗教思想的一般研究之故。設如近代邏輯學家能對中國思考推理作深刻了解，則自有其深入之看法；又設如近代哲學家如懷特海或傑姆士，能對中國思想之形上學與倫理學作一深刻了解，則也自有不同於眾的創見。漢學家既無西方思想之訓練，又復與西方的思想潮流脫節，故既不能代表西洋思想家以求與中國思想作一對話與交流，又不能與西洋思想主流中的西洋哲學家作一對話與交流。故西洋人研究漢學已近二百年之久，但對東西思想交流所作的貢獻仍為學院的，而無一能侵入思想問題之核心；事實上，亦無一能具侵入西洋思想主流之能力，因其只為一平凡、一獨斷的歷史描述而已。

三、中西思想的異同問題

中國思想講究涵泳體驗，思想往往是以人的生活為基礎，也是以創造人格與生活為目的。知之用在行。此不獨儒家為然。換言之，中國思想含有強烈的存在的定持性 (existential commitment)，它的作用，即在發揮存在之意義，實現存在之潛能。故講中國思想不能不對自我本性作深刻之體驗與省悟。

西方的思想講究分析論證。是以理性的理解為起點，以知識的完成為目的。知與行不必相連，知為理性之功用，亦為心靈之實體。在存在主義未發展以前，自亞里斯多德以來所謂本質主義 (essentialism) 的思想籠罩著西洋哲學的主流。在此主流中邏輯與科學的發展乃為必然之事。因本質主義一方面著重知識形式的建立，他方面著重知識內容的系統化。就形式的研究形成邏輯，就知識內容透過經驗的規範形成科學。故講西方哲學思想，不能不有邏輯的訓練與科學之認識。近代社會科學之發展乃是在此等訓練與認識下進行的。西方分門別類的學科亦是在此等訓練與認識下建立的。

四、概念與知識的建立乃近代做學問態度的特徵與主流

現在我們有一個基本的肯定：近代做學問的態度，顯然是在求正確的概念與知識的建立。尤其在學校與研究機構，做學問就是客觀的科學的研究問題，透過論證的方式提供系統的答案，或引申出有知識意義的新問題。這種做學問的認識與方法，顯然是受了西方的影響。其實重要的不是受不受西方影響的問題，乃是近代人做學問有沒有近代人做學問的態度，而這種態度在近代人來說是科學的，概念的，客觀的以及論證的，是以知識之建立、真理之概念化為目的的。這是一個不可否認的事實。這代表西方已經發展出來的邏輯與科學研究方法是近代人做學問的近代方法。我們應該接受這種方法，不是因為它是西方的，而是因為它是合乎客觀的、科學的求知要求。這種科學客觀的求知要求，

乃是這個時代的要求。

五、如何運用概念與知識在我們的時代中做傳統學問

基於上節的肯定，我們顯然對中國傳統的學問，可以透過新方法來做分析與整理，以期獲得一種知識學問上的了解。換言之，如果傳統的思想有普遍性的價值，我們要用我們的時代所發展的方法把它的普遍性予以還原；如果傳統的思想有特殊性與歷史性，我們也要用科學的方法把它的特殊性與歷史性展現出來。每一個時代有每一個時代了解前一個時代的方式與方法，我們不能囫圇吞棗地視古人之言以為那就是我們自己的了。這不僅是死學問與活學問的問題，而是學問與非學問的問題。當然，此時我們會面臨下面一個問題：如果我們傳統的思想是否認知識形式與客觀化的論證的，我們如何把那些被認為超於言表與論證體驗得來的真理，表現為語言中的論證和概念呢？在這種表現中又如何能維持原來思想的境界與其價值呢？

六、兩個層次的問題

要回答上面的問題，我們必須認清兩個不同的層次：生活體驗的境界與人格修養的經驗是一個層次；透過知識形式、客觀理解生活體驗的境界與人格修養的經驗是另一個層次。我們不相信每一個生活體驗的境界（如真，如善，如美，如圓融和諧，如天人合一等等），或每一個人格修養的經驗都不可以理解。因之我們可對那些可用概念理解以及知識形式表達的境界與經驗，加以如實的表達和解釋。對於那些根本上所謂「言語道斷，心行處絕」的境界與經驗，我們固然不可以用知識和概念去籠罩他，但它們也並不貶低知識與概念的價值。對於只承認知識與概念的西方人來說，這些境界與意義可以視為不存在或視為原始。但我們不必採取這種態度，相反的我們至少可以採取存而不論的態度。我們還可進一步強調知識及概念並非人生活動的所有內容。為了我們自己性格的建立，我們大可深入體味超越的境界，把握卓絕的人生意義。這也就是存在與體驗的問題了。

七、體驗涵泳的重要性

我們不但不否認存在與體驗對建立性格的重要，我們還要強調另一個事實：即如果要建立我們的思想，我們必須要做一種涵泳與體驗的功夫。不深入中國思想的核心，是不足以主動與靈活的把握中國思想，運用知識形式加以說明的。沒有直覺的認識，也就沒有論證的認識。許多人不先深入體驗儒家思想，講起儒家來就顯得曲解武斷。許多人不先深入體驗道家思想，講起道家來就顯得牽強空洞。許多人不先深入體驗佛家思想，講起佛家來就顯得隔靴搔癢。沒有活潑深厚的體驗，思想的表達也就支離破碎了。有了活潑深厚的體驗，不但思想的表達鞭辟入裡，個人的性格也就得到一種發皇。因為所謂深刻的了解，是把思想融入生命與骨髓中而透出精神來的。

八、考慮如何用概念與知識重建中國傳統思想

我們還面臨著一個大問題，即如何實際運用知識與概念來表達我們體驗的中國思想。我們已經強調了邏輯與科學方法的重要。這兩樣法寶的重要是它們能提高嚴謹性與論證性的自覺。因為我們要做概念與知識的學問就不能不要求有：

一、分辨一個概念清楚不清楚的能力；
二、判斷一個論證相關不相關、正確不正確的能力；
三、運用材料來建立一個清楚的概念的能力；
四、運用方法來建立一個嚴謹相關的論證的能力；
五、客觀批評以及接受客觀批評的能力。

上舉幾種能力都涉及標準的問題，而邏輯與科學方法乃最基本的標準，也是概念與知識建立的最後標準。但除了這種普遍的訓練外，對了解中國思想與

哲學以作概念與知識的陳述，就不能不借鏡西洋哲學與思想了。因為要把一個未完全概念化與知識化的人生境界與體驗，予以知識化和概念化，我們就需要知識與概念的工具。西洋哲學的發展是以知識的真假與概念的嚴謹與否為標準的。因之我們為了透過概念與知識的形式來了解中國思想，就不得不認真的去了解去學習西方已形成的哲學傳統，以借助它的概念與範疇。我說借助不是因循的抄襲，也不是機械的搬用，而是以之為基礎、磨鍊出一套能夠把中國思想精義與境界說明的概念來。不但這些西洋的概念對理解中國思想有關，而且對理解西洋思想概念建立的曲折過程，是一種概念與範疇建立的訓練。沒有這種訓練，深刻與細密的概念建立是不可能的。這和一個人必須先學數學才能發明數學定理，找尋新證明 (proof) 一樣。當然，學習西洋哲學的功用，不止幫助我們認識適合於我們自己概念建立的目的，它還能幫助我們認識我們思想之特質以及與西洋思想之差異。不理解這種差異，是不能把中國哲學的意蘊很清楚而適當的表達出來的。這與學習一種外國語，以了解中國語文的特徵及中外語文文法之不同是一樣的。中國語文原無固定文法，但這並不表示中國語文無文法可言，也並不表示中國語文的文法一定要像西洋語文的文法一樣。但很顯然的，事實上證明研究西洋文法，幫助我們發現了中國文法以及中國文法的特徵。中國思想的概念化與重建的問題，也和中國文法的概念與建立的問題一樣。

九、文化傳統與近代生活的隔離以及思想重建的必要

有人或許會提出這樣的問題：我們中國思想中有其固有的概念與範疇（譬如心、性、天、理、氣等概念所表達的），我們不是可以基於它們來表達我們的思想嗎？我們對這個問題的回答是：如果我們生活在閉關時代的中國，我們的生活經驗與文化傳統可以允許我們這樣做。心、性、天、理、氣都可視為原始概念而不必作進一步概念式的解釋，或只須作傳統評註式的註解，這也不失為一種做學問的方法。但我們要記住，這不是我們這個時代做學問的方法。我們的生活背景與做學問的方法和過去截然有異。不但如此，這些基本的觀念對於

青年的一代已有一種「疏隔」(alienation)，這也可以說是一種對「道統」的隔閡，而這種「疏隔」是在生活中發生的。我們常識中的宇宙觀與人生觀已為其他概念侵入，而傳統的概念因之也被取代了。誰也不能否認我們對生活、對宇宙、對社會的認識，深深受了廿世紀生活與知識的影響。由於這一點，我們不能把傳統的概念當作原始的用以解釋經驗的對象，而必須把它當作被解釋的對象。我們必須透過近代人的概念與知識、生活與理解去解釋它們。唯有如此，它們才能成為我們的，成為近代的，而我們也才能成為現代的。因之，西方思想的概念與範疇，如有近代的意義（對於這個判斷是要小心下的），我們就應該借助來說明中國思想的意義。

十、西方哲學對於重建中國哲學的關係

也許我們還可進一步說明兩點西方思想對於研究中國思想的關係。一點是牽涉到中國哲學的重建問題，那就是哲學的概念是源於西方的。哲學可界說為

普遍及根本的真理之學。這些哲學的真理是涉及存在、知識與價值三大部門的。我們中國沒有西方式的哲學，卻不能因此就說中國沒有哲學。如果我們把哲學當作一項普遍性的學問（而不只是體驗），我們應當相信在一個普遍概念的層面上，中西哲學思想可以交通，可以交流。要造成這種交通與交流，就要先把中國思想變成活潑的哲學。這是中國哲學的重建問題，同時亦涉及中國思想的概念化論證化的問題。西方哲學在這一方面可以給與我們許多幫助。唯有借著這些幫助，我們才可把中國思想引入世界哲學的潮流，使其發揮其可以發揮的潛力。

說到如何發揮中國哲學的潛力，以及如何將中國哲學提到世界哲學的平面這一點，我們可以發出許多感嘆。過去西方的漢學是把中國封閉起來，隔絕起來，變成歷史學，變成版本學以及地方學。西方的哲學家因之無法也無從去了解中國的思想。一個漢學家對中國哲學如心、性等觀念的解釋，如何能夠滿足一個受過訓練的西方哲學家呢？於是各種誤解和偏見也就隨之而生。西方哲學家要了解東方哲學有一個利器，那就是追問 What do you mean? How do you know? Why do you say this? Why do you not say this? 沒有西洋哲學的訓練是不足以回答這些問題的。中國哲學不面對這個世界則已，如果要面對世界，就必須加入世界哲學的論壇，就必須知己知彼，就必須有力量面對挑戰，而且有能力去挑戰。因之也就不能抱殘守闕，只做辯護式的說明，更不能束之高閣，只作歷史性的研究。歷史的研究與哲學的研究是兩回事，當然兩者並不因此而不相關。傳統的西方漢學有如通商港口的買辦，必須加以清除。我們應以中國哲學（先確定其哲學形式）面臨世界哲學，消除漢學的隔絕與淺薄。

這裡我們很可以反觀魏晉南北朝時代接受佛學思想的「格義」問題。當時所謂「格義」乃是以中國原有的思想（當時以玄學與道家哲學為主流）去說明或翻譯佛學思想。我們目前要使中國思想概念化，也面臨了「格義」的問題；但目前要做的不只是用中國思想去「格」西洋思想之「義」，而且是要兩者「互格」。兩者互格才可以啟發新思想，兩者互格也就能了解西洋思想，並同時了解中國思想。玄奘大師為了要求佛學精義用中國文字表達，花了十九年時光去鑽研佛學經典，這是一個很重要的教訓。

十一、我們生活中性格的建立與其實際的貧乏

研究西方哲學以研究中國哲學的重要性的最後一點，是為了我們自己性格的建立。我們年青的一代是生活在青黃不接、新舊交替的時代。由於思想的混存，我們的性格也就流於膚淺。事實上，由於時代的影響，青年人致力於原則的追求，個性的發揮，以及理想的建立的少之又少。廿世紀的工業社會令人走向職業主義，專門技術主義。這種職業主義，專門技術主義對於社會的工業化是有用的，對於個人的求生存也是方便的，這當然也就是青年人適應工業環境，競以學理工為榮的理由。但在這種時代潮流的壓力下，這個時代的另一特徵也就出現了：那就是技術人個性的習慣化與公式化。就像工廠的機械一樣，技術人大量生產的結果，因此也就具備大量生產的特徵：一致性與可替換性。在美

國的中國工程人才就是一個例子，美國的工程人才也是如此。事實上，工程人才以外的許多人也是如此。只不過中國的工程人才最為顯著罷了。理由很簡單：他們從高中到大學就已經沉浸在工程的課程當中，幾乎完全喪失了啟發思想與性靈的訓練。這與美國一般大學中一、二年級不分科，有機會接受所謂人文傳統的訓練是不同的。換言之，中國這一代青年性格的平凡，也就是心靈的空虛，精神的貧乏，而這乃是缺乏了人文思想的薰陶所致。

十二、理工青年的心理特徵

說到這裡，我們不能不指出在現代社會中學理工的知識青年具有兩種心理行為，以說明其精神的貧乏與心靈的空虛。其一是漫無批評的接受一套科學觀，而這種科學觀往往是素樸到極點的，對於科學的基礎與方法，以及所引起的知識論問題，完全沒有體會。這點與西方的科學家是不同的，因為他們是在一個比較平衡的教育課程中培養出來的，因此對於科學哲學與科學基礎有相當的認識。由於中國科學家缺乏科學哲學、邏輯哲學以及知識論的批評，他們很少能對科學基礎提出根本的問題。在對文化其他部門發表意見時，往往表現一種泛科學主義，可是泛科學主義及科學主義是與科學不同的，不但不同，而且相反，這是許多學理工的青年朋友不了解的。

另外一種心理行為乃是：對於人文學問的隔膜而不知其隔膜。常常道聽塗說或偶有所得，就以為真理盡在於此，產生一些毫不相關或淆人視聽的言論。我常覺得學文法的人對科學的了解程度，遠勝於學科學的人對人文學的了解程度。這點也許根本不能比較，但事實說明，學理工的青年貶視人文學的不平凡態度是令人吃驚的。

十三、重論性格的建立

現在我們回到性格的建立這個原來的題目上，性格的建立必須奠基於思想的深入與把握。我們生活在這個中西交流的時代，也就不能不理解中國以及西洋的思想。理解中國思想自然有益於中國人性格的建立。我們已經指出，研究西方思想也有助於我們性格的建立。我們在西洋思想中做研究、求理解，就是達到我們建立新性格的重要方法之一。事實上，如果我們不忽視人類的思想經驗，不忽視人類的心路歷程，而且如果我們不閉關自守、自我滿足的話，我們就應該了解這個方法乃是我們建立性格過程中必需的方法。

十四、立誠與旁通為充實思想與建立性格的兩大原則

西洋思想與中國思想的不同，前面已經述及。如果西洋思想的方式可用蘇格拉底式的(Socratic)來代表，中國思想的方式可用孔子式的來代表，則孔子與蘇格拉底的思想儘管有很大的不同(關於這些不同當為文另論)，他們似乎都強調一個基本原則：那就是「知之為知之，不知為不知，是知也」。蘇格拉底認為「以不知為知」乃是雙重的無知；而儒家的精神則以「知之為知之，不知為不知」為立誠致明之道。我覺得我們今天要重建中國思想，做紮實的學問，就必

須強調這個原則。我們這一代的青年知識分子，往往好誇大，好文飾，強不知以為知，這些都是妨礙性格的建立的，是造成思想貧乏的根本原因。為學的起點是誠，有了誠才能真正腳踏實地的去求旁通。不立誠而自命旁通，或毀誣旁通，都是思想不曾深入所致。我們要立誠，這是中國人傳統做學問的功夫；我們要旁通，這是我們要多向西洋思想學習與借助的理由。立誠之道與旁通之道，是我們中國自己有的，要講中國學問也就要掌握這兩種精神。唯有如此，我們做出來的學問才是屬於我們這個時代的學問。也唯有如此，我們做出來的學問才能夠真正充實我們的生命，使我們的性格卓然自立。

孔子的智慧

（原稿為英文，此係張尚德教授所翻譯。中英附記）

此文不擬討論或研究作為思想家之孔子的每一方面，只討論所以使孔子為偉人、大哲學家、大聖人之大智慧。我們不僅從孔子自己的思想來討論，並從其完成人的超越理想，激勵他人所作的努力與成就來討論。

首先，我希望強調有關孔子智慧的兩種基本事實：一、孔子智慧所顯示的觀念，不僅是抽象的，抑且具有高尚心靈的種種意象，賦有深邃意義的目的性以及對人類命運的極度關懷。事實上，孔子自己的人生就反映出這些觀念，並在他自己的經驗中以具體的形式表現出來。二、這些觀念大大的具有廣度與深度。然卻人人可知曉，看來簡單與直接；雖具有彈性和可變性，卻有一線合成的形式和有機體的結構。但是，從這兩種重要的事實來看孔子的智慧，並不足以瞭解他的智慧，和自孔子的智慧受益，須待我們知道孔子是什麼型態的人，以及知道孔子以什麼型態的人來告誡自己以及所有人，我們才能瞭解孔子的智慧，及自他的智慧受益。事實上，這種型態的人也正是人人應該追求以成就的。

孔子是什麼型態的人呢？回答並不是容易的。但從《論語》各種線索來看，我們立即看到孔子是以仁為中心的人，深深的關注整個人類的福祉。他極有文化教養，尊重歷史以及具有美的情操，極有人格修養，能自我批評，孜孜不倦的探求自己內在和外在生命的意義與真理。最後一點是，孔子既獻身於學也獻身於教，他的對人的關懷與理解使他成為萬世師表。

甲、孔子是仁人。什麼是仁呢？簡單的說，仁就是對己忠，對人恕。忠與恕是彼此互相關連的，因為只有真正忠於己的人才能真正對人恕。我們必須記住的是，孔子並不是以外在的權威將仁加諸人的，仁也不是一種加諸理性的專制命令。相反的，仁是人性所固有的。如果某人的天生秉賦不足以瞭解仁的話，他就應該透過反省或從他人經驗中學習瞭解仁。人應該知道生命有一種價值，生命的意義就在完成和實現這種價值。同時一個人應該認識自己與他人休戚相關，共同連屬在一個創造性的文化交流世界中，也就是「四海之內皆兄弟」，這些都是由修善和完成善來引導的，不僅某一個人是如此，每個人都該如此，我們必須認識人人是不可避免的關連和結合在一起的。

人們有時以為孔子僅是以一種消極的態度來形成仁，所謂「己所不欲，勿施於人」。不過孔子所提出的任何德目，就其為一德行而言，是對人有著積極要求的。仁就是這種情形。作為一種積極的要求，仁要求每一個人與人為善，人要自我修持，把一己之善推廣及於他人，因之令一己走入完善美好之境。所以仁是一種使他種德行展開的德行，它是德行的總合，但又不限於德行的總合，而為所有德行最高最後的善。

現在我希望指出為仁並不只是對人要恕，實際上為仁應該關懷整個人類的苦痛與福祉。孔子對隱者的批評所作的回答最能清晰的表明這種關懷人世的精神。作為隱士的桀溺對孔子的弟子子路說：「滔滔者，天下皆是也，而誰以易之？且而與其從辟人之士也，豈若從辟世之士哉？」孔子的回答充分地顯示了他對人類命運的不可消除的關懷：「鳥獸不可與同群！吾非斯人之徒與而誰與？天下有道，丘不與易也。」

孔子把對全世界之改善視為他個人的責任，假如這個世界充滿混亂，他會盡其所能去改善它，假如這個世界充滿良好秩序，他會追求他心之所願以達到他個人人格的完美。這種態度，包含著兩種原則。一、人不可能脫離世界。也許有時對個人來說遺世獨立是較好，然此並無益於改善世界。我們必須參與世界來尋求種種方法改善此世界。二、人不可只限於獨善其身，且應兼善天下。孔子認為為政是兼善天下的形式之一，也就是理所當然的事了。孔子周遊列國的目的就在尋求機會實現他的仁政理想。事實上他的仁政理想也就是如何大力行仁。仁政不但要使人民富足且要使人民為善。對孔子來說，人民富足是不夠的，富足還必須具有道德。孔子認為為政者不是以養民、保民為已足，更重要的是為政者應在德行上為民典範。

我已說過孔子是仁者，不過我似乎只說到孔子的仁的觀念。問題仍舊存在，那就是：孔子如何成為仁者？孔子之所以成為仁者，是因為他實踐仁，以及在他一生的生活中，在在展示仁的種種德行。孔子沒有說過自己是仁者。然而他的謙恭和他所表現的其他種種德行，無不顯示他是一位偉大的仁者。

乙、有許多德行使孔子成為仁者，其中之一便是禮。禮的重要性在於一個人誠諸中就該形諸外，由誠諸中而形諸外就可創造和維繫一個和諧有序的社會。事實上人不可能離群索居，人必須與他人發生關係與聯繫。支配人的行為和維繫人與人之間交往的適當規範，就在實現禮。在任何特定文化中都有行為的規範，這是無人會否認的。但需要強調的是，在行為的規範中，孔子認為禮是有著極大的內在價值的。因此，我願指出的是，禮是一種文化教養，有禮的人就是有文化教養的人，有禮的意識也就是有文化教養的意識。孔子極稱讚禮，認為在個人與社會中，善的發展可以從禮的表現看出來。對孔子來說，禮是一種既可約束人復可使人高雅的力量，這種力量可以使人得到均衡的發展。也許我們要把禮的意識和禮的表現兩者分別開來，前者具有義，並以仁為其本質，後者則為在一特定時間中社會所採用的特別規範形式。我們可以看到的是，基本重要的在禮的意識，不在表現禮的某一特殊形式。孔子生當周代，故他從周禮來規範自己，這一點我們是不必感到驚奇的。即使有時沒有表現禮的固定形式，孔子也不缺少禮的意識。如在《論語》中記載著孔子鄰有喪則不歌以及乘車出行時不急言不以手指物的種種事實。

丙、我要強調的是，孔子不但是有文化教養的，他也是一個有人格修養的人。我希望讀者特別注意到文化教養 (cultured) 與人格修養 (cultivated) 的分別。有文化教養便會待人雍容有禮，但有人格修養則使人深深的在人際關係中獲得對自我之智識，亦獲得人在宇宙中的價值，以及瞭解到生命的意義。事實上，一個人應該瞭解到人格修養，為自我實現與自我完成的歷程，這種瞭解應具備瞭解自己及關涉普遍真理的知識。在這種歷程中，人將獲得目的感和使命感。同時在這種歷程中，人可以超越欲望與偏見所加諸我們的桎梏，從而達到天人合一的境界。孔子通常用「修齊」一詞來表示自我實現的歷程，事實上它無非是一種自我修養的歷程。

自我修養的歷程應從誠與敬以及求真求善出發。同時應時時反省自己的缺點。發現自己無內在的缺點，就可產生勇以及人格的完整。但是，由於人生的歷程與他人相互關連在一起，為了達到內外和諧，人又必須從所處的環境中不斷省察自己，俾使人的心靈能徐徐向善。事實上，為了發展善，孔子雖然承認自我反省與自律的重要性，他並沒有說在自我修養的歷程中，人是不會犯錯的。相反的，他承認人在自我教養的歷程中，是免不了要犯錯的。但重要的是，人有錯應知改，應有十分開放的心靈，以他人為借鏡來改變自己。

其次我要談到自我修養歷程所指向與導致的心靈狀態。實際上，自我修養能導致怎樣的心靈狀態呢？回答是極簡單的：愛善、知善、惡惡、去惡。要達成知善惡的道德知識，並不是一件容易的事，因為它純是對人的存在之深切體驗與洞照的結果，也只有這樣人才能判斷善惡。有許多人不能作獨立的判斷，這是因為他們沒有體驗，缺少勇氣作這樣的判斷，或因求免得罪他人而隨波逐流。另一方面，有許多人傲慢自大，在行為上剛愎自用，缺乏同情心，以為自己的判斷永遠是對的，以為在任何情況下都可實行，甚至不惜給予他人痛苦並犧牲他人。缺少獨立的判斷，自大自傲以及武斷，孔子都是要加拒斥的。所謂獨立的判斷，意指在任何具體的複雜情勢中，有能力分辨善惡，不會作偏頗的論斷和粗率的決定，不會人云亦云。獨立的判斷應與平衡的心性、正義感結合在一起。這是人在自我修養的歷程中直接經驗到善與對的結果。孔子說過「無絕對的是，也無絕對的不是」（「無適也，無莫也。」），以及主張「在具體的情況中來作正確合宜的決定」（「義之與比」）的可能性。這就指出自我修養的心靈狀態是靈活的，但卻無論如何，不可背棄善的原則。也正因為這種心靈的靈活性，使人生在各種具體的情況中保存著善。

除了上面所說的在個人種種情況中，人應有獨立的心靈，保存善的能力外，孔子也是有信仰和宗教情操的人。從一種事實來看，信仰和宗教情操與自我修養的歷程有關，那是很明顯的。此種自我修養的歷程應探求根本的實在及普遍的真理，從根本的實在與普遍的真理，人能得到自我的知識及發現本我。人性當然是善的，然而人的命運卻有其限制，這一點孔子是從未懷疑過的。主體的自我在客觀的實在中有其淵流，且與客觀的實在相互關連在一起，這對孔子來說，也是人的存在之深刻經驗。當然孔子不說怪力亂神，因為一談怪力亂神，由於心理上的想像及此類事物之離開現實，人就很容易陷入迷信，武斷與一廂情願的冥想。為了避免任意的論斷，孔子避免說及這些問題。不過他承認這些問題的存在，因為他也偶而說及天命等問題。也許，對孔子來說，最深的真理是不能說的，因為最深的真理需要直接體驗和感受，以及直接進入到人的生命中。孔子自己承認大我與大實在就是天，天是全體，我們是從全體中所引出的一部分。透過肯定全體，部分可以提昇及超越自己，因此就具有一種不受部分限定的意義。真實的是，我們未見孔子明白的說過形上學的語句，但在另一方面，我們不也可以說孔子的智慧及其洞識力的一部分，即存在於其提示性的、含蓄的、謹慎的沉默中嗎？

丁、關於孔子是一位有文化教養的人以及孔子自我修養的理想，我已談了不少。現在讓我談到孔子的另一種性格，那就是孔子是一位學不厭、教不倦的人。我們知道學不厭、教不倦不是小事。必須要有強烈的使命感和持久的動機才能作到。它與自我修養有極密切的關係，亦因此與企求真理和成就人類善良的本性的願望有密切的關係。孔子曾倡言道：是人啟發真理，不是真理啟發人，「人能弘道，非道弘人」。因此學習就是經由洞察人本身和洞察歷史經驗的過程來啟發真理。

事實上，那是對過去要有一種開放的心靈，接受別人和接受整個世界。這僅是當一個人熱愛學習時，藉著新經驗與用新的眼光洞察舊經驗，才能慢慢的達到完美的境界。因此，我們可以說學習就是把宇宙與自己融會成為一體和在眾多事物中與宇宙的歷程中教導自己，並使自己精益求精，止於至善。換句話說，學習就是學習如何勇敢地面對事物，瞭解宇宙各事物以及各事物之間的協和關係，並在宇宙中來表達及肯定自己。說得更明確點，學習就是學習如何把原理應用到宇宙的事物上而不與其衝突，並在具體生活中學習，尋求具體的善，保持創造力和領悟力。因此孔子說：「好仁不好學，其蔽也愚。好知不好學，其蔽也蕩。好信不好學，其蔽也賊。好直不好學，其蔽也絞。好勇不好學，其蔽也亂。好剛不好學，其蔽也狂。」從這段引話中很明顯看出，孔子認為學習可以幫助一個人獲得仁和其他美德。學習可獲致知識，但在學習中最可寶貴的知識，是對善與人性的智識。

作為老師，孔子和他致力於學問一樣地受人尊敬。對孔子來說，教是一種歷程，在教的歷程中，把自己所學授與學生。但他並不僅把知識教給學生，更重要的是把愛真理的態度、自我修養的精神以及善的理想與意義傳授學生。他在教這些真理時從不厭倦，而且他從不隱藏他對那些學生的看法。他用舉一反三的方法並從經驗的具體事實中引出教導性的結論來教導學生。

現在，我們已描述了孔子的特性是一仁人，關心全人類的幸福，是一文化人，是一有自我修養的人（包含著自我的知識和對天命予人生命以意義的體驗），是一專注於教學的人，並非因為要在教學獲得對事物特別的知識，而是因為教學是生命不可或缺的一部分，假如生命是要成長、維持和成熟得更完美的話。孔子以他的經驗，和對人生的洞察為基礎，把這些特性具體地呈現在學生面前，這些對我們來說是值得讚嘆的。透過自我的知識了解人類潛能，這是我所說的孔子的智慧。不僅他的學生向他學習，而且我們也都可以向他學習：人需要發展和陶鑄成更優雅更完美的人，而且人的發展和修養二者是很自然與合理性的事。它是以自我的知識和對學習的熱愛開始，以整個自然天性達到善為目的（達到完美的人性可說是把自然轉變成存在的更高層次）。最後我們也可以從他看到這種發展與修養的過程是有內在本質的價值，並且應當窮畢生之力作不斷的追求的。

孔子自己已經描述了這一過程，由他的話可知他的想法的重要性：孔子說：「吾十有五而志於學，三十而立，四十而不惑，五十而知天命，六十而耳順，七十而隨心所欲，不踰矩。」關於學習和一個人的建立，即開始自我修養的過程，我已說了許多。但弄清上述概念，我必須仍稍作提示。「不惑」意指能完整且一貫的瞭解人生的目的；「知天命」，「耳順」則為接受現實的世界，以及尋求真與善；最後，「隨心所欲不踰矩」為主體與客體的融合。這些我不再在此詳加解釋。主要的是我們應認識孔子以一種自我修養及精神成長的內在歷程，給我們提供了一種理想的形式，然此理想的形式卻也是發展和完成人的心靈與精神之具體範例。當人知道自我成就和自我發展的正確方法，亦即知道把善和正義具體化——即人的平和心境與宇宙相和諧的過程，還有什麼智慧比這更具有智慧呢？

最後，我們要問：我們是否不受文化薰陶，不作自我修養，因而能忽視我們生命內在的善，對學習沒有真正的興趣及對全人類的福祉漠不關心呢？我們能否以封閉和自傲的心靈矇蔽自己，因而易於自滿，不從世界和他人經驗中探求學習呢？依我的意見，孔子是堅認不可如此做的，而這就是孔子的智慧。事實上生命也不允許吾人這樣做，引導生命自然的去追求完滿和善的熱望，也不允許這樣做。孔子給我們提供理想、眼界、指導原則和洞察使人性完美的種種條件。事實上，我最讚賞孔子的是他深信人類必須發展和修養自己，俾從無知、偏見、自大、迷信、狹隘、心靈怠惰中解放出來。孔子努力成就人的尊嚴、獨立、自由、親切、講理、仁慈、和超越流俗的創造，也是令我讚賞的。什麼能使人更像孔子一樣受人讚賞呢？我個人並不把孔子看成刻板的道德家，我也不希望讀者有如此看法。孔子是一位歷史上的活生生人物，他以善為理想來修養自己，相信人性本質為善，相信每個人都應追求善且能得到善。由此，也許自我們的智慧可以認識孔子的智慧。不管我們做什麼，希望我們將認識到的智慧至少就是我在此所解說的孔子之智慧。

論孔子的正名思想

一、有關「正名」的問題

正名的觀念是孔子首先提出的。荀子繼承孔子而作〈正名篇〉，系統地發揮「正名」的思想。如果我們就孔子在《論語》中提及「正名」的地方來討論「正名」這個觀念，則有下列幾個問題等待著我們去解答：孔子所說的「正名」到底是指的什麼？是正什麼名？該如何去正名？為什麼要去正它？又怎樣去證明孔子所說正名的好處果然會使政治上軌道，社會有秩序呢？下面我試為這幾個問題提供一些解答，好使大家對儒家的「正名主義」能有客觀的認識，從而作適當的評價。

二、論語子路篇第三章中「正名」思想的分析

孔子正面談到「正名」的是在《論語・子路》篇裡頭的一段話：

「子路曰：衛君待子而為政，子將奚先？子曰：必也正名乎。子路曰：有是哉？子之迂也。奚其正？子曰：野哉，由也。君子於其所不知，蓋闕如也。名不正，則言不順，言不順，則事不成，事不成，則禮樂不興，禮樂不興，則刑罰不中，刑罰不中，則民無所措手足；故君子名之必可言也，言之必可行也，君子於其言，無所苟而已矣。」

這一段話，告訴我們「正名」是孔子提出的一個新觀念，因為連他的親近弟子如子路者都不曾聽說過，加以「正名」的道理和「為政」的道理，兩者之

間的關係又不是自明的，淺顯的，難怪子路要說「有是哉」和「奚其正」了。子路不解的是為什麼「正名」會令政治上軌道，使社會有秩序。孔子的回答方式是很值得注意的。他用「連鎖推理」來說明「正名」與「順言」、「成事」、「興禮樂」、「中刑罰」，乃至「民有所措手足」之間是一連串的必要條件關係，因之「名正言順」是為政的必要條件，可是孔子並沒有說「名正言順」是為政的充足條件。

必要條件與充足條件不同。必要條件是《墨經》裡所說的「小故」，充足條件是《墨經》裡所說的「大故」。《墨經》裡說：「小故，有之不必然，無之必不然」，「大故有之必然」。從「小故，有之不必然，無之必不然」的定義看孔子給子路的回答，「名正」恰是「言順」的小故，「言順」恰是「事成」的小故，「事成」恰是「禮樂興」的小故，「禮樂興」恰是「刑罰中」的小故，「刑罰中」恰是「民有所措手足」的小故。這種小故或必要條件的關係可表示如左：

名不正→言不順
言不順→事不成
事不成→禮樂不興
禮樂不興→刑罰不中
刑罰不中→民無所措手足

（表中箭頭以喻「蘊含」。「A→B」就是「A蘊含B」）

換個方式來表示，這種小故的關係是：

~名正→~言順
~言順→~事成
~事成→~禮樂興
~禮樂興→~刑罰中
~刑罰中→~民有所措手足

（～相當於負號，它否定它後面的命題）

運用邏輯學中「否認結論」的推理方法（A→B，∴～B→～A；～B→～A，∴A→B），孔子給子路的回答則具有下列大故或充足條件的關係：

民有所措手足→刑罰中

刑罰中→禮樂興

禮樂興→事成

事成→言順

言順→名正

如果政治上軌道，民有所措手足的話，名一定是正的了。相反的，如果名不正，政治一定不能上軌道，民一定是無所措手足的了。孔子的回答方式表示孔子能區別必要條件和充足條件，同時也懂得運用「連鎖推理」。

就孔子的答問去了解「正名」的觀念，我們可分三點來討論。

第一點，「正名」既是「為政」的小故，「為政」當然不應只限於「正名」。要使政治上軌道，使民有所措手足，需要滿足的要求很多，「正名」只是其中不可缺少的一個。要使天下有道，光是「正名」是不夠的。孔子自己也曾特別提出「足食足兵民信之矣」、「庶矣」、「富之」、「教之」、「舉直錯諸枉」、「不患寡而患不均，不患貧而患不安」各點，以補「正名」的不足。但是，「正名」是「為政」的小故，在孔子的政治思想中，顯然是不可缺少的一項。

第二點，「正名」既是「為政」的小故，若要「為政」，「名」就不可以「不正」。「名」是「言」的單位，有「名」才會有「言」。「順言」就是說話能符合真理，若要「為政」，「言」就不可以「不順」。有了合理的「言」，才可以論事和行事。論事是提出問題，找尋答案；有了答案，付諸實行，行動就有了根據。由身體力行順推下去，整個社會才會臻於郅治。這裡值得重視的是由論事到行事的關鍵，也就是「名正言順」要和實際行動聯接起來。「正名」不是空洞的，不是和行動脫離的；它是要求言行一致的。必須在言行一致的前提之下，「正名」才可以促進良好的政治和社會。上文所引孔子對子路的答問，其結論：「故君子名之必可言也，言之必可行也，君子於其言，無所苟而已矣。」也就是這個意思。

第三點，我們可以把孔子從「正名」到「民有所措手足」的連鎖推理分化成三層內在的關係。第一層是「名」與「正名」、「言」與「順言」、「事」與「成事」、「禮樂」與「興禮樂」、「刑罰」與「中刑罰」的關係；第二層是「名」與「言」、「言」與「事」、「事」與「禮樂」、「禮樂」與「刑罰」的關係；第三層是「名之正」與「言之順」、「言之順」與「事之成」、「事之成」與「禮樂之興」、「禮樂之興」與「刑罰之中」的關係。透過了這三層關係個別的滿足，以及其他條件的滿足，我們才有根據去下「民有所措手足」或「天下有道」的結論。這三層內在的關係可表示如左：

名→正名（名之正）
言→順言（言之順）
事→成事（事之成）
禮樂→興禮樂（禮樂之興）
刑罰→中刑罰（刑罰之中）

刑罰←禮樂←事←言←名

（刑罰之中）←（禮樂之興）←（事之成）←（言之順）←（名之正）

＋其他條件的滿足→民有所措手足

三、論語中涉及「正名」思想的其他部分

孔子的「正名」觀念和他的政治思想，關係最為密切。「正名」的觀念包含了「言行一致」的觀念。「言行一致」的說法常見於孔子對為政的討論，如：

「子曰：先行其言，而後從之。」（〈為政〉）

「司馬牛問仁，子曰：仁者其言也訒。曰：其言也訒，斯謂之仁矣乎？子曰：為之難，言之得無訒乎？」（〈顏淵〉）

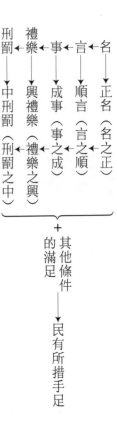

「子曰：君子恥其言而過其行。」（〈憲問〉）

「子曰：言忠信，行篤敬，雖蠻貊之邦行矣。言不忠信，行不篤敬，雖州里行乎哉？」（〈衛靈公〉）

孔子論為政之道，都不外要求「為政者」能夠擇善而行，並以身作則，做百姓的榜樣，所謂「舉直錯諸枉」（〈為政〉），使他的善言能普遍地成為善行，達到德乎眾望的目的。說得更明顯一點，孔子認為「政」就是「正」，為政就是取正道而由。

「季康子問政於孔子，孔子對曰：政者正也，子帥以正，孰敢不正？」（〈顏淵〉）

「子曰：其身正，不令而行；其身不正，雖令不從。」（〈子路〉）

「子曰：苟正其身矣，於從政乎何有？不能正其身，如正人何？」

(〈子路〉)

「正」包括「正名」和「正身」。「正名」是行為的指導原則，「正身」則是「正名」的實踐和完成。有了這種實踐，「正名」才不致僅是空洞的文字遊戲和形式上的虛文。故孔子說：

「人而不仁，如禮何？人而不仁，如樂何？」(〈八佾〉)

「禮云禮云，玉帛云乎哉！樂云樂云，鐘鼓云乎哉！」(〈陽貨〉)

仁是一種德行，禮和樂則是德行的規範，徒具規範而無實際的德行，規範即失其作用；同樣的，徒然釐訂了「名言」而不用行動來配合和完成它，「名言」即失其作用。「名言」符合真理，然後上行下效、天下相從，政治自然上軌道。這樣的政治是孔子理想的「無為而治」，也就是他所謂成功的政治。為政者只是「恭己正南面而已矣」（〈衛靈公〉）。

以往有人以為孔子談「無為而治」是因為受了老子的影響，其實孔子的「無為而治」與老子的「無為而治」，意義不一樣。孔子的「無為而治」是在「名正」、「言順」、「事成」之後，透過「言行一致」而達到的「無為」。他這種政治理想可總括在下面的一段話裡：

「子曰：為政以德，譬如北辰，居其所，而眾星共之。」（〈為政〉）

四、正名的內涵與孔子的倫理哲學

我們在上文提到的幾個關於「正名」的問題——像正的是什麼名，該如何去正名，以及為什麼要去正名等問題，可總括地稱為「正名」的內涵問題。上文中我們只是假設我們對「正名」的內涵，已經有了某些了解，就直接的討論起「正名」與「為政」的關係來。現在我們要追究一些更基本的問題，也就是「正名」的內涵問題。對於這些問題一個很好的回答乃是孔子自己提供的：

「齊景公問政於孔子，孔子對曰：君君、臣臣、父父、子子。」（〈顏淵〉）

為社會的秩序立下界說，為人群的關係訂下倫常，為政治和道德建立規範，這就是「正名」，毫無疑問的，孔子認為人是社會的動物，他說：「鳥獸不可與同群！吾非斯人之徒與而誰與？」（〈微子〉）人是不能離開人類社會而生活的。只有在社會中生活和成長的人才可以發揮他本來的善性，成為一個完全的人。所謂「仁」，就是這種人性的開端以及最後的完成。所謂「德」，就是這種人性在種種不同的場合和不同的關係中底可能實現。每一種社會關係都包含了一層道德關係，這就是孔子倫理哲學的基礎。在此我們只能就正名的內涵簡單地討論孔子的倫理哲學；我們可以提出下面四點：

㈠每一種社會關係包含一個道德要求。

㈡每一個道德要求發自人性；它的滿足就是人性的實現。

㈢透過人性的實現，社會的關係和政治的秩序才會諧和。

㈣有了社會關係和政治秩序的諧和，個人才能完全實現其內在的德性，獲得真正的福利。

所謂「正名」就是認清基本的社會關係以及其包含的道德要求。根據以上四點，我們可以明白孔子說「君君、臣臣、父父、子子」的用心所在。「君臣」和「父子」是當時社會的基本關係。如果我們不把「君臣」的關係解釋為專制或封建時代對統治者個人的效忠，而把它解釋為個人對社會、對國家、對民族、對「公共良心」、對「群體意志」的一種關係，則「君臣」和「父子」仍是現代社會的基本關係。如果我們承認這種關係和承認有維持這種關係的必要，則每個個人就得要認識其包含的道德要求，並在人性的實現中去滿足它。

孔子似乎更進一步的認為「君臣」和「父子」這兩種關係底滿足是構成和

諧的社會生活的必要條件。「君臣」的關係和「父子」的關係因之是個人在社會中必需肯定的關係。在「君君、臣臣、父父、子子」這句話中，第一個「君」字、第一個「臣」字、第一個「父」字和第一個「子」字乃是點明個人在群體裡所處的地位 (status)，和因這地位而生的職務 (role) 或功能 (function)。「君」「臣」是社會地位，「父」「子」是自然地位；前者是因社會需要而生的，後者則是因自然情況而產生的。認清了這兩種關係及其必然性，接著我們要認清它們所包含的道德要求。上引句中第二個「君」字、第二個「臣」字、第二個「父」字和第二個「子」字就代表前面「君」、「臣」、「父」、「子」的地位及關係所包含的道德要求。這種道德要求是一種「權利」、一種「義務」、一種「德性」。比方說，君對臣要「禮」要「敬」，臣對君要「忠」要「義」，父對子要「養」要「教」，子對父要「尊」要「孝」。前面的「君」、「臣」、「父」、「子」四個字作名詞用，後面的「君」、「臣」、「父」、「子」四個字則作動詞用。前者是對地位及關係的認識，也就是「正名」；後者是道德要求的滿足，也就是「實踐」。第二節中所談的「正名主義」就是從認識到實踐的過程。「正名」就是「正」基本的社會關係的「名」，也就是對人類社會及人性中所含的道德真理給予一個正確的界說。「為政」和「做人」的基本條件，就是在「正名」之後去身體力行，實現人性的內涵，滿足道德的要求。

了解了「正」的是什麼「名」之後，其餘如如何去正名及為何要正名諸問題，自然就很容易解答了。如何去正名呢？去正名，就是去獲取一些對價值的知識 (knowledge of value) 和這些知識的實踐。去正名，也就是去作一些道德上的認識 (moral understanding)：一些對健全社會和理想政治的認識，以及一些對人的基本德性的認識。「君君、臣臣、父父、子子」可以說是孔子對道德價值的了解和直覺（可稱之為道德自覺）。「正名」的方法就是憑藉這種道德自覺認識個人在群體中的意義。為何要正名呢？孔子認為「正名」是達到國治民安的必要條件，要避免雜亂的社會和混亂的政治，個人一定不可缺少對基本和必要的社會關係底認識,不可以不用實際行動來滿足種種社會關係所包含的道德要求。

五、「正名」在知識論及語意學上的解釋

一般學者對正名思想並沒有一致的看法，主要的困難是對「名」及其相關的觀念沒有清晰的了解。而在中國古典哲學中，孔子談「正名」，荀子談「正名」，老子談「無名」，公孫龍子有名實之辨，不管是贊成或反對「有名」，「名」這個觀念卻是常常被提到和用到的。一般人只管用它，但對「名」的基本觀念往往是不求甚解。現在我們在此不能就各家之說一一分析，只能就孔子的學說略作發揮，探討「正名」這觀念在知識論及語意學上的意義。

孔子的「正名」，是對「真實」的了解和認識。這種認識包括對自然界事物的認識，「多識於鳥獸草木之名」（〈陽貨〉），以及對「人的真實」底認識。「人的真實」表現於社會關係、道德價值和政治理想等等。孔子所列舉的德目如「仁」、如「義」、如「信」、如「孝」、如「智」、如「勇」，莫不是基於他對「人的真實」的了解，透過語言而得的「名」。扼要地說：「正名」就是去獲得對人

對物正確的認識，而表之為正確的觀念和定義。要了解孔子的正名思想，一方面要了解「名」之所以為「名」，一方面要了解「名」所指的「實」。沒有「物的真實」和「人的真實」，「名」只是空洞的語言符號。

人之為人，不能不探求真理。孔子教人去追求真理，追求知識。他鼓勵人去追求對自然界事物的知識，但是他更強調對「人的真實」的知識底重要性。他說：「不憤不啟，不悱不發，舉一隅不以三隅反，則不復也。」（〈述而〉）這種知識是實踐的知識，經驗的知識，是經過體驗、反省、分析和歸納而得的知識。一個人之所以為人，就是要求取這種知識。

「名」是語言的單位。雖然孔子並未討論「名」和語言運用的關係的問題，他對由「名」組成的「言」卻有下面幾點意見：

㈠**「正名」是「順言」的必要條件**。

有了正確的人、事、物的觀念，才能認清人情、事理和物理。真理的表現必須建立在正確的觀念和定義上。「言」的功用就是要表現真理。

㈡「言」與「行」是不可分的，因此言必須是能行的言。

故《論語》中有曰：「其言之不怍，則為之也難。」（〈憲問〉）又曰：「有德者必有言，有言者不必有德」（〈憲問〉）。沒有道德的實踐，言只是空言。能行的言代表道德的真理，這與實驗科學的真理不同。科學的知識和理論不一定要有實際的應用，但道德的真理必須仰賴「行」來完成。

㈢「言」和「名」有一點相同的作用，就是對價值的認識和真理的表現。

孔子尤其著重對人性和對社會基本價值的知識，因此他把「知言」和「知禮」「知命」並列：

「不知命，無以為君子也；不知禮，無以立也；不知言，無以知人也。」（〈堯曰〉）

子貢也說：「君子一言以為知，一言以為不知，言不可不慎也。」（〈子張〉）

總之，「正名」和「知言」兩者的作用，都是認識價值和真理，以及證明他們兩者都是人類行為在理性上的表現。

就知識論而言，孔子的「正名」思想先行假設了可以用語言來代表真實和知識，正如亞里斯多德一般，孔子認為有「真實界說的可能」(possibility of real definition)。亞氏用「人是理性的動物」一語給「人的真實」下界說；孔子對「人的真實」的界說則是：人是能仁的動物。他說：「有能一日用其力於仁矣乎，我未見力不足者。蓋有之矣，我未之見也。」(〈里仁〉) 又說：「仁遠乎哉？我欲仁，斯仁至矣。」(〈述而〉)

我們可以說孔子在知識論上主張「實在主義」，他非但認為有給真實下界說的可能，而且認為界說或定義直接反映真理。孔子的實在主義所肯定的實在，不只限於自然的事物。它包括人的德性，社會的關係和因這些關係而產生的道德要求。而他對後者也不只是觀念上的了解，他更重視行為上的實踐。孔子的正名思想，基於他的實在主義，與後來荀子用「約定俗成」(conventionalism) 來解釋的正名思想有基本上的分別，此當於另文討論。

隨著孔子的實在主義的正名思想，還有兩個原則，值得在此提出來討論：一是一名表一物的原則，一則是一物可具多名的原則。這兩個原則同時和知識論及語意學有關。

我們先就一個名只能代表一類事物的原則來討論。由於「名」代表我們對實在的認識，我們認識的每一個觀念，每一種價值都應該有一個「正確的」名稱。所謂「正確的」名稱，就是一個在應用上只代表一個觀念或一種價值的名稱。如果一個名在應用上代表好幾個不同的觀念和價值，則勢必造成觀念的不清和價值的混淆；這樣的「名」自然不能作為實踐的理論基礎。因此，在應用上一個正確的名只能代表它所肯定的實在，一個詞在應用上是不能代表多類事物的。故孔子說：

「觚不觚，觚哉！觚哉！」（〈雍也〉）

固然，我們語言中的詞和字往往是多義的，這是為適合經濟原則的必然現象。可是在語言的應用上，由於應用的場合和上下文的內容，一個詞的多種意義中，實際上只有一個是突出的和合適的。因此，在應用上這個詞只代表一個意義，故沒有造成觀念上的含糊不清。關於此點，我們在此不擬詳論。

孔子尤其深惡痛絕一些人把代表社會關係和道德價值的名詞隨便的使用。他對當時諸侯的不守法紀、不究名分，僭權盜名的行為尤其表示不滿。他著述《春秋》的主要目的就是正名分、辨是非，也就是胡適所說的建立「公認的是非、真偽的標準」（見《中國古代哲學史》，第九十二頁）。

在《春秋》中，孔子特別講究一名不能用於多類事物的原則。由於這個原則的運用，語言和實際互相配合；如果實際上價值有所區分，這種區別也反映在代表這種「實」的「名」上。在《春秋》裡面，孔子嚴格地分別「崩」、「薨」、「卒」的意義，並區別「殺」和「弒」。同為攻擊敵人，卻有「侵」、「伐」、「入」、「救」等不同。其他例子很多，不必一一列舉。我們要注意的是：

每一類字（如「侵」、「伐」、「入」、「救」）所指的自然事實相同，而每個詞所指的社會關係和價值則有所區別。由於這原則的運用，所以孔子能夠口誅筆伐，寓褒貶於文字了。

現在我們要討論一物可具多名的原則。雖然一個名稱只能應用於一類事物及其屬性上，一件事物卻可以有多種名稱。這個原則與正名思想並不相悖。一個人可置身於種種不同的社會關係，因每種不同的關係而有不同的「名」，和與「名」俱來的權利和義務。每一個人不但是社會的一分子，他同時也是一個家庭的單元。在社會裡，他可以是朋友，是上司，是下屬，是國民，是公民；在家庭裡，他可以是父親，是兒子，是兄，是弟，是長，是幼。任何人都擺脫不了這些基本的社會倫理關係。因為各層社會倫理關係是彼此息息相關的，相應地這些關係的道德要求自然也是彼此息息相關的，綜合而成一個人應具的德性。孔子把這種德性概括地叫做「仁」或君子之道。但有時又稱之為「孝悌」，稱之為「忠恕」，稱之為「恭寬信敏惠」（〈陽貨〉）等等。對於不同的社會關係，君子之道就被冠以種種不同的名稱。

在《論語》裡面，君子之道這個觀念有許許多多不同的名稱，用許多不同的方式表現出來。例如：

「君子敏於事而慎於言。」（〈學而〉）

「君子喻於義。」（〈里仁〉）

「子產有君子之道四焉：其行己也恭，其事上也敬，其養民也惠，其使民也義。」（〈公冶長〉）

「君子博學於文，約之以禮。」（〈雍也〉）

「君子所貴乎道者三：動容貌，斯遠暴慢矣；正顏色，斯近信矣；出辭氣，斯遠鄙倍矣。」（〈泰伯〉）

「君子和而不同。」（〈子路〉）

「君子泰而不驕。」（〈子路〉）

「君子道者三，我無能焉：仁者不憂，智者不惑，勇者不懼。」（〈憲問〉）

「君子義以為質，禮以行之，孫以出之，信以成之。」（〈衛靈公〉）

「君子矜而不爭，群而不黨。」（〈衛靈公〉）

「君子貞而不諒。」（〈衛靈公〉）

此外，所謂「三愆」、「三戒」、「三畏」、「九思」、「六言六蔽」、「四美四惡」等，都代表作為君子要遵行或避免的各方面。對於君子的德性，我們真是要用許多名稱來形容它了。這是孔子應用一物具多名這原則的明證。

我們最後還要提出的一點是：如果一物不能具多名，而限制於一個「名稱」的話，物與物的關係將無法建立。沒有名稱上的重合和相連，世界上每一事物都變成了孤立的項目。我們將無從肯定普遍價值，觀念和意義 (universals) 的存在；知識將成為不可能，知識的交流也將不可能，其哲學上的嚴重後果是可想而知的。

六、結論

上面我們就《論語》的內容對孔子的正名思想作了詳細的分析和討論。就孔子的政治哲學而言，「正名」是實現理想政治的一個必然條件。我們並順帶討論到孔子的無為而治。就他的倫理哲學而言：「正名」是對價值的認識，這種認識包含了實踐。不論「為政」與「修身」，孔子都主張「言行一致」。透過人性的實現，去獲得和諧的政治秩序，透過和諧的政治秩序，去獲得人性的完全實現。「為政」與「修身」之道，一而二，二而一，都是以「正名」思想為基礎，輔以言行一致、名實相符的原則來建立的。

孔子在知識論上主張的是「實在主義」。他認為「名」直接反映「實」，這與荀子約定俗成的正名思想有所不同。孔子的知識論也是建築在「正名」思想的三個基本原則上面。此三項原則為：㈠真實界說的可能。㈡一名只表一類事物。㈢一物可具多名。去掉這三個原則中的任何一項，「名」不可以立，人事物間的價值和關係將無法表現，或將含混不清。知識將成為不可能。

因此，了解孔子的「正名」思想是了解孔子政治哲學、社會哲學和知識論的重要關鍵。它也是《大學》、《中庸》、《孟子》和《荀子》裡知識和價值的基本原則。其重要性是不容忽視的。

後　記

在文中我給「正名」的內涵作分析、給「正名」的思想作解說，引用了不少西方哲學的詞彙和方法。也許有人會因此非議說這只是我個人對孔子思想的附會，而不是孔子思想的本來面目。事實上，孔子思想的本來面目是怎樣的，已經長久湮沒在時間和八股文章裡了。我要申明的一點是：光讀中國古籍是不足以了解孔子思想的本來面目的。雖然我們一定要從古典著作中去探求，沒有深入的領悟，是不可能有正面的了解的。所謂深入的領悟就是要能「觸類旁通」，我們不能使孔子的真正價值長遠地埋沒在偏見和短視裡面。中國哲人思想中蘊含的真理，如果是普遍的真理，自然不會因為從另一個角度去分析就被歪曲。相反地，用西洋哲學的分析方法和現代的文字和詞彙去表達中國古哲的思想，也許更能顯出這思想與現代人的相關性，更能幫助一個現代人去了解它的本來面目。因此，我借用了一些西洋的哲學詞彙來表達孔子的「正名」思想，並應用了近代哲學的分析方法來表現其中所包含的推理形式及其邏輯意義。我認為這樣做是適當的，並不是穿鑿附會。

一九六七年二月於夏威夷大學

戰國儒家與孟子思想體系

一、戰國儒家的歷史淵源

從孔子卒後到孟荀崛起的一百年間，儒家發展的大略情形，可見於《史記》的〈儒林列傳〉和《韓非子》的〈顯學〉篇。

《史記・儒林列傳》的記載如下：

「自孔子卒後，七十子之徒，散游諸侯，大者為師傅卿相，小者友教士大夫，或隱而不見。故子路居衛，子張居陳，澹臺子羽居楚，子夏居西河，子貢終於齊。如田子方、段干木、吳起、禽滑釐之屬，皆受業於子夏之倫，為王者師。」[1]

由於孔子的有教無類，門下的受業弟子來自社會不同的階層。他死後，弟子們或是出仕，影響統治者，或是回到社會的各階層裡，繼續傳播儒家的思想。根據〈儒林列傳〉的記載，孔子的再傳弟子居然做到「王者師」，足以證明春秋後期儒學非但不曾中輟，而且相當發達。

《韓非子．顯學篇》中記載：

「世之顯學，儒墨也。儒之所至，孔子也。墨之所至，墨翟也。自孔子之死也，有子張之儒，有子思之儒，有顏氏之儒，有孟氏之儒，有漆雕氏之

[1] 《史記》卷一百二十一，〈儒林列傳〉第六十一（商務印書館《萬有文庫薈要》，民國五十四年，臺灣）第十九冊，頁二六－二七。

儒，有仲良氏之儒，有孫氏之儒，有樂正氏之儒。」❷

這並不是說孔子卒後，儒家分成了八個學派。這只表示儒家源遠流長，人才輩出，孔子的受業弟子及再傳弟子可以分立門庭，授徒倡學於世。顯然子思的時期在孟子之前，孟子的時代又在孫（荀）子之前；其所謂八派，在思想學說方面也沒有原則上的衝突，因彼此雖非一脈相承，而實同宗於孔子。

《史記》上說孟子「受業於子思之門人」。如果子思真的是孔子之孫，則孟子當是孔子的第四代弟子。❸荀子較孟子晚生六七十年，而且年「五十始遊學

❷清王先慎，《韓非子集解》，卷十九，〈顯學〉第五十（中華書局《諸子集成》第五冊，一九五九，上海），頁三五一。

❸孟子如受業於子思之門人，應與孔子第三、四代弟子同時。然以三十年為一代計算，則應與孔子第五、六代弟子同時。在「代」取算法上，頗有出入。可是因為儒家各代弟子聞道有先後，各人的壽命又不只是三十歲，上面二種推算都不太可靠。事實上各代弟子聞道之先後，壽命之長短，各自參差不齊，故代與代之間難免重覆交錯，我們實不能作硬性的劃分。下面一表只是把孔門各

於齊」，❹因此在孔子再傳弟子的序列中，比孟子晚了三代。戰國時代始於西元

代弟子的代表，依其活動時期分配，以見其歷史淵源。

先秦儒家各代弟子的活動時期（附重要年分）

480B.C.		（479B.C. 孔子卒）
450B.C.	子張（顓孫師），曾參，漆雕啟	
		（436B.C. 曾參卒）
420B.C.	子思（孔伋），東正子春，段干木，禽滑釐，田子方	（403B.C. 戰國開始）
390B.C.		（402B.C. 子思卒）
330B.C.	孟軻	（371B.C. 孟子生）
300B.C.		（298B.C. 荀子生）
		（286B.C. 孟子卒）
270B.C.	荀況	
240B.C.		（220B.C. 秦滅齊，一統天下，戰國結束）
210B.C.		

❹荀子的生卒年代，較之孔子、孟子尤難確定。以「年十五始來游學」和「年五十始來游學」之

前四〇三年，孟子生於西元前三七一年❺；孟荀這兩位大儒，他們的活動時期

爭，竟有三十五年的出入（見錢穆《先秦諸子繫年》，頁三〇一）。從荀卿一生事蹟看來，我覺得胡適的說法比較合理，即荀子游學於齊時應為五十歲，合西曆西元前二六五－二六〇年之間（見胡適《中國古代哲學史》第三冊，頁二三－二五）。如此算來，荀子生年當在西元前三一五－三一〇年之間，比孟子大約晚生六十年，據清、汪中的《荀子年譜》，則荀子之生年為西元前二九八年，如此則比孟子大約晚生七十年（見 Fung Yu-lan, *A History of Chinese Philosophy*，頁二八〇）。既然孟荀二人的生卒年代都是考據推論出來的，其中未免各有差誤，如用來互相比較，誤差更大。如以此為絕對數字，嚴加考證，則有流於無關宏旨，勞而拙之弊。我在此計算年代，只為明學術之流變，序人物之先後，並不擬為年月之差，作精密的考據工作。

❺見胡適《中國古代哲學史》（商務印書館，民國四十七年，臺灣）第一冊頁六四及第三冊頁九十一。Fung Yu-lan 之 *A History of Chinese Philosophy* (Vol. I, translated by Derk Bodde, Princeton Univ. Press, 1953) 中所舉的孔子卒年與孟子生卒年俱與胡適的相同，見頁四三及一〇七。孔子之生卒年代，學者的意見雖微有出入，但一般公認其生年為周靈王二十一年（西曆西元前五五一年），其卒年為周敬王四十一年（西曆西元前四七九年）。至於孟子的生卒年代，則眾說紛紜，不易考定，如以孟子的活動時期來推算，則明人之《孟子譜》，雖未詳其來歷，其日期頗

正好橫跨了戰國的中葉。本文既討論戰國時代的儒家思想，自然應以孟荀的思想為中心的了。孟荀的思想學說之外，戰國儒家應兼含《易傳》和《禮記》中所含的思想。《禮記》各篇的著作日期不易考定，尤以《大學》《中庸》兩篇，更是眾說紛紜；但因一般學者都認為各篇成書的時代，不會遲於秦漢之際，故把《大學》《中庸》和《禮記》的其他各篇在此一併歸入戰國儒家的思想來討論。[6]

合情理，而又適與元、程復心《孟子年譜》及明、呂元善《聖門志》所紀相同，故從其說。錢穆《先秦諸子繫年》（商務印書館《大學叢書》，民國二十四年，上海）中所載孟子之生卒年代和我所採的先後相差十餘年，詳見註[11]。

[6]《大學》和《中庸》是《禮記》中的兩篇。宋儒朱熹認為《大學》是曾子所著的，王弼則認為是子思所著的。至於《中庸》，《史記》中說是子思所著的。如果他們是對的話，《大學》、《中庸》是在孟子和荀子以前完成的。胡適亦認為《大學》和《中庸》應成於孟、荀之前，才好對孔子、孟子之間的一百多年有個交代，「使學說變遷有線索可尋」（見胡適《中國古代哲學史》第三冊，頁一－一二）。事實上，如果從《大學》和《中庸》的思想本身來追尋一個學術變遷的線索，則兩

二、戰國儒家的特質

對照春秋時代的儒家，戰國時代的儒家表現了若干特質；對照戰國時代的諸子，戰國時代的儒家也表現了若干特質。我們將在本章中一一加以說明。

㈠思想的表達採取了「辯說」的形式。

無論是在《孟子》、《荀子》、《易傳》、或《禮記》諸篇裡面，我們都可以看到有系統的思想，透過辯說和論證的形式表現出來。從命題的前提到結論，通常要經過一個論證的過程；而不再像在《論語》裡面的那些片段的思想和語錄。這是從孔子的「述而不作」到戰國儒家的「亦述亦作」的一個轉變。

㈡基本觀念的明朗化和統一化。

篇似應在孟、荀之後完成。因為兩篇的內容似乎是綜合了孟、荀思想的精要，並建立了更完備的形上學體系。從深度來說，《大學》、《中庸》中的思想似較孟、荀者更為成熟。從文體上看，兩篇均採嚴謹之論辯形式，此為孟、荀以前的作品所少有，故胡適之說，未敢苟同。

《論語》中所表現的思想，既沒有精確的基本觀念，也缺乏整體和統一性。試就《論語》中論仁、論君子的地方來說，材料都是片段的，必須經過系統的整理才能窺見其全豹。因此，當孔子說「吾道一以貫之」的時候，他的弟子們只是茫茫然，似懂非懂的，這證明《論語》中思想的表現缺乏統一性和整體性。到了戰國時代，儒家學說的基本觀念漸趨明朗化，在了解上也能夠獲得一致。基本觀念的顯明和統一是思想趨於深刻化的一種表現，由此可見儒家思想到了戰國時代已日漸成熟。

(三)對天道、性命、理氣等形上學問題的正面討論。

《論語》裡記載：「子罕言利、與命、與仁」，❼子貢也說：「夫子之言性與天道，不可得而聞也。」❽孔子既不談及這些形上學的問題，我們自然無從得一個透徹的解釋。到了孟子和荀子等作品，「性命」等問題即成為討論的對

❼《論語・子罕第九》。

❽《論語・公冶長第五》。

象。「天道」和「性命」的問題更是《大學》、《中庸》和《易傳》的骨幹。這不但表現戰國時代儒家思想的範圍擴大，同時也表現其對問題的深入探討。

㈣建立政治哲學和社會哲學的形上學基礎。

舉凡政治、社會和倫理哲學，發展到某一個程度，自然而然地就要追究它在形上學方面的根據。換言之，形上學的體系，就是政治、社會和倫理哲學的基礎。在戰國時代，儒家學說已經發展到追究形上學基礎的程度，因此以前孔子含糊過去的問題，戰國儒家都必須予以適當的解答。比方說，孔子雖然提供了不少新觀念——如仁、如勇、如正名，[9]他並沒有說明這些觀念之所由來，是具有那些形上學的基礎。戰國儒家當前急務之一就是彌補孔子學說中所缺的形上學基礎。故有孟子的性善與知言養氣之說，有荀子的知識論和邏輯，有《中庸》裡的「自誠明、自明誠」與「盡性」之說，有《大學》裡的「格致」「知

[9] 關於孔子的正名觀念，參看本人〈論孔子的正名思想〉一文（《出版月刊》，民國五十六年三月，臺北）。

本」和《易傳》裡的「生生之謂性」之說。這些都是戰國儒家給儒學提供的形上學基礎。

(五)提供新的社會模式作為現實改革的藍圖。

孔子在政治思想上的貢獻，大致限於一些基本原則的增訂和補充；至於具體的模式，孔子一般是傾向於沿用傳統的周制。[10]孟荀則不然。他們提出了有別於周制的理想模式，具體地提出辦理人民福利事業的方針，作為社會建設和政治改革的藍圖。又〈禮運・大同〉章中也描述了一個理想政治實施後的社會模式。

以上各點是戰國時代的儒家對照春秋時代的儒家——以孔子為代表——所

[10] 據陳槃先生的意見，孔子雖云「信而好古」「吾從周」「遵先王之法」；然彼為「聖之時者」，其沿用周制，未始不無因革損益於其間。蓋「顏淵問為邦，子曰：行夏之時，乘殷之輅，服周之冕，樂則韶舞。放鄭聲，遠佞人。鄭聲淫，佞人殆」(《論語・衛靈公》)，為邦如此，為政亦何嘗不如是，故說孔子大體上沿用周制，至於其因革損益，則書闕簡脫，無可致詳矣。

表現的特質。下面兩點，則就其同時代的諸子來討論戰國儒家的特質：

㈠戰國儒家本身思想的辯證性。

辯證性即對立性和綜合性。孟子和荀子同屬儒家而彼此對立；但這種對立只是著重點和方法上的對立，並不是絕對的不相容，因此也蘊含著某一程度的相關性和綜合的可能性。這種綜合的可能性在《易傳》和《大學》的思想裡實現了。辯證性的發展可說是戰國儒學的一大特色。

㈡對其他各家不加保留的批評。

孟子和荀子都以正統自居，極力排斥異端。孟子非議楊墨，批評許行、告子之流，往往不留餘地。荀子也批評了道、墨、名、法各家。這大概是受了諸子競立的刺激和影響。

至於戰國儒家與諸子的相互影響，我們只能就諸子的著作去研究、比較和揣測。⓫不過當時儒家以正統自居，乃是很顯明的事實。

⓫錢穆說：「先秦學術，惟儒墨兩派。墨啟於儒，儒源於故史。其他諸家，皆從儒墨生。要而言

三、孟子的思想體系

㈠孟子生平大略。

孟子的生卒年月，《史記》上沒有記載。但據明人所纂的《孟子年譜》和元程復心的《孟子年譜》，均以孟子生於周烈王四年，卒於赧王二十六年，合西元前三百七十一年至西元前二百八十九年⑫。如以孟子遊梁時為五十餘歲計算，

之，法原屬於儒，而道啟於墨，農家為墨道作介，陰陽為儒道通囿。名家乃墨之支裔，小說又名之別派。而諸家之學，交互融洽，又莫不有其旁通，有其曲達。」（錢穆《先秦諸子繫年》，頁二三）。諸子百家之說，雖不一定同出一源；然紛起於戰國時代不及兩百年的期間（西元前四〇三－二二〇年）彼此相互的認識和影響，是無可避免的。

⑫錢穆《先秦諸子繫年》中所附諸子生卒年世約數，認為孟子在世時期為西元前三九〇－三〇五年，享世八六歲。其根據為何，錢穆沒有說明，大概是相對同時諸子的生卒年歲而定的。不過錢穆也沒有強調他所考定日期的準確性。他說：「今謂孟子生於烈王四年，或謂生於安王十七年，前後相去不越十五年，此不過孟子一人享壽之高下，與並世大局無關也。苟既詳考孟子遊仕所

則其生卒年月，亦與上述年譜相符。如此算來，孟子生於孔子卒後約一百年；如以三十年為一世，孟子當生於孔子三世之後了。《史記》上記載：「孟軻，鄒人也。受業子思之門人。」就地域上說，鄒與魯相近；就時間上說，弱冠時的孟子剛好與孔子的第四代、第五代弟子同時；受業子思之門人，是極為可能的。

孟子以孔子的私淑弟子自居。他說：「予未得為孔子徒也，予私淑諸人也」。⑬又說：「乃所願，則學孔子也。」⑭他一生為了維護儒家的正統，到處和人論辯，不外是「欲正人心、息邪說、距詖行、放淫辭、以承三聖者」。他說明自己是不得已而辯的：「予豈好辯哉，予不得已也。」⑮

至，並世情勢，及列國君卿大夫往來交接諸學士，則孟子一人在當時之關係已畢顯，可無論其年壽之為七十或為八十矣。無徵不信，必欲穿鑿，則徒自陷於勞而且拙之譏，又何為者？」（錢穆《先秦諸子繫年》，頁一七三）。又元程復心的《孟子年譜》，據《四庫全書總目提要》史部傳記類，疑為譚貞默原著，附竄為元人著作。

⑬《孟子．離婁章句下》第二十二章。

⑭《孟子．公孫丑章句上》第二章。

像孔子一般，孟子周遊列國，遍訪諸侯，目的就是希望會被見用，可以有機會實現他行仁政的理想。孟子以天下為己任，他認為「如欲平治天下，當今之世，舍我其誰也！」⑯當尹士批評他去齊三日故意濡滯時，他就說了下面的一段話：

「夫尹士惡知予哉？千里而見王，是予所欲也；不遇故去，豈予所欲哉？予不得已也。予三宿而出晝，於予心猶以為速，王庶幾改之。王如改諸，則必反予。夫出晝，而王不予追也，予然後浩然有歸志。雖然，予豈舍王哉？王由足用為善。王如用予，則豈徒齊民安，天下之民舉安。王庶幾改之，予日望之，予豈若是小丈夫然哉。」⑰

⑮《孟子・滕文公章句下》第九章。
⑯《孟子・公孫丑章句下》第十三章。
⑰《孟子・公孫丑章句下》第十二章。《史記》，卷七十四，〈孟子荀卿列傳〉（商務印書館《萬有文

由此可見孟子用心良苦。事實上孟子一生並不得意。雖然梁惠王曾聘他為卿，對他很禮遇，可是始終沒有採納他的主張，以實現「王道」和「仁政」的理想。孟子又曾仕齊為卿，也是因不能施展抱負而離去。他又曾赴宋，然後經薛返鄒，後來他又被禮聘到滕；但滕是介於齊楚之間的小國，孟子無法展其所長，他只好離去。最後只有退而與公孫丑、萬章等門人，把他自己的思想和與他人的辯難，寫成《孟子》七篇。⑱《史記・孟子荀卿列傳》也有如下的記載：

庫薈要》）第十四冊。唐之韓愈、林慎思，宋之晁公武及清之崔述，咸以為《孟子》一書，非孟軻自著，只是萬章和公孫丑之徒所纂述者。漢之司馬遷、趙岐、宋之蘇軾和朱熹，以及清之魏源則主張《孟子》之書為孟子與門人所撰者。至於《孟子》的篇數，有謂共十一篇者，分內篇七篇，外篇四篇——〈性善辯〉、〈文說〉、〈孝說〉、〈為政〉。

⑱孟子與萬章、公孫丑之徒作《孟子》七篇之說是根據《史記》所載的。見《史記》，卷七十四，〈孟子荀卿列傳〉第十四（商務印書館《萬有文庫薈要》）第十四冊，頁六〇。唐之韓愈、林慎思，宋之晁公武及清之崔述，咸以為《孟子》一書非由孟軻自著，而只是萬章和公孫丑之徒所纂述者。漢之司馬遷、趙岐，宋之蘇軾、朱熹，及清之魏源則主張《孟子》之書為孟子與門人所撰

「孟軻，鄒人也。受業子思之門人。道既通，游事齊宣王，宣王不能用。適梁，梁惠王不果所言，則見以為迂遠而闊於事情。當是之時，秦用商君，富國彊兵。楚魏用吳起，戰勝弱敵。齊威王宣王用孫子田忌之徒，而諸侯東面朝齊。天下方務於合從連衡，以攻伐為賢。而孟軻乃述唐虞三代之德，是以所如者不合，退而與萬章之徒，序《詩》《書》、述仲尼之意，作《孟子》七篇。」⑲

者。至於篇數，有謂七篇，有謂十一篇而分內篇七篇，外篇四篇者。按七篇即〈梁惠王〉、〈公孫丑〉、〈滕文公〉、〈離婁〉、〈萬章〉、〈告子〉和〈盡心〉七篇。外四篇則為〈性善辯〉、〈文說〉、〈孝說〉、〈為政〉。但據翟灝《四書秀異》，四篇篇目應為〈性善〉、〈辯文〉、〈說考經〉、〈為政〉。屈萬里《古籍導讀》（臺北，開明書店五十三年出版）採取翟說。我以為孟子言性善，固不綴「辯」字，但孟子卻是為性善與告子辯。翟據《論衡・本性篇》立論，亦大有可疑之處。故我分篇仍依舊說——孫奕《示兒編》及劉昌詩《蘆浦筆記》。我疑外篇為後人所託者。參看羅根澤《孟子傳論》（商務印書館《萬有文庫薈要》，民國五十四年，臺灣），頁八三——八八。

⑲《史記》，卷七十四〈孟子荀卿列傳〉第十四（商務印書館《萬有文庫薈要》）第四冊，頁六〇。

㈡孟子論辯的內容及其形式。

孟子論辯的範圍可分為四個部分：一是王道和仁政，二是性善和知言養氣，三是關於堯、舜、禹、湯、文、武、伊尹、伯夷、周公、孔子的歷史事實，四是駁斥楊墨和許行之徒。

1. 為王道和仁政而辯。戰國時代諸侯爭奪土地，講求權術，在國內形成強權統治，在國際間則因利害關係，發展成連橫合縱的局面。統治者只知貪圖個人宮室園囿的享受，注意少數人的利益，而置人民的福利於不顧。為了爭城奪地，更不惜犧牲人民的生命和財產。孟子為了拯民水火，俾得安居樂業，遂提倡嚴辨義利，分別王道和霸道，施行順天愛民的仁政。孟子的論辯是針對當時國君的重利輕義、行霸道和施暴政而發的。

2. 為性善和知言養氣而辯。孟子認為人性本有諸德之端，此諸德之端即是善。舉凡仁、義、禮、智諸德，皆於人性之內有其端，不假外求；凡人求善必就其性「擴而充之」。「知言養氣」的功夫就是不斷地發掘人類本性之善而付諸實踐，擴充諸德之端而使之完滿實現，最後做到「不動心」、不為外物所移的境界。孟子的論辯是針對告子的「人性之無分於善不善」和「仁內義外」而發的。

3. 為一些歷史事實而辯。孟子以繼承道統自任。他把堯、舜、禹、湯、文、武奉為仁君的典型，把伊尹、伯夷、周公、孔子奉為聖賢的代表。因此每逢有人懷疑到他們的行為和言論，或者表示不滿時，孟子都不厭其詳地為他們解釋和申辯。此可見於孟子對「堯非以天下與舜」、「禹不傳於賢而傳於子」的解釋；和對「舜不告而娶」及「舜之放象」的辯護。[20]又湯之滅夏，武王之滅商，在孟子的觀點看來，都是為民除暴。他說：「聞誅一夫紂矣，未聞弒君也。」[21]他又申明「伊尹非以割烹要湯」，「孔子非於衛主癰疽，非於齊主侍人瘠環。」[22]孟子之所以要說明及解

---

[20] 見《孟子・萬章章句上》第二章、第三章及第六章。

[21] 《孟子・梁惠王章句下》第八章。

釋這些歷史事實，主要是為了使堯舜、孔子等人的言行不致為後世所誤解和歪曲，使後代行仁政和習聖賢之道者有所適從。

4. 為駁斥楊墨及許行之徒而辯。孟子的同時，諸子之學甚盛，尤以楊墨為最。孟子以儒學正統自任，認為百家之學都是「邪說」和「淫辭」。為了要效法孔子作《春秋》的精神去「正人心、息邪說、距詖行、放淫辭」，故對異端邪說的批評是絲毫不留餘地的。他把楊朱、墨翟罵成「無父無君、是禽獸也」；[23]說陳仲子之道是「蚓而後充其操者也」；[24]批評告子不知義；認為許行僅主力耕，不用心，不善變，徒使人「相率而為偽」，[25]不足以治國家。

---

[22]見《孟子．萬章章句上》第七章、第八章。

[23]見《孟子．滕文公章句下》第九章。

[24]見《孟子．滕文公章句下》第十章。

[25]見《孟子．滕文公章句上》第四章。

現在我們討論孟子的論辯方法，看他如何論事論人，如何建立及證明他的思想，又如何去駁斥別人。這一點前人討論孟子的思想時，往往都忽略了。其實這是一個相當重要的問題。

有人曾經指出孟子精於察識。[26]進一步來說，孟子討論問題的出發點，往往就是直接體察行為之端及與其相應的心理狀態。孟子相信人與生俱來就有自然的感應和為善的傾向，只是這些本性常為後天的習慣和私欲所蔽；但在特殊的情況上，這些本性又會自然地流露出來。孟子精於體察這些端倪，加以引申，以證驗人性本具諸德之端，不假外求，並說明擴充這諸德之端，就是為政和做人之本。孟子用直接體察的方法來引申為政和做人之道，可於下列兩則見之：

臣聞之，胡齕曰：「王坐於堂上，有牽牛而過堂下者，王見之，曰：『牛

---

[26]見靜山〈孟子精察識〉一文（中華叢書編審委員會《孟子研究集》，民國五十二年三月，臺灣），頁二一七—二二八。原文發表於《大陸雜誌》，第八卷第四期，民國四十三年二月。

何之？』對曰『將以釁鐘。』王曰：『舍之，吾不忍其觳觫，若無罪而就死地。』……是乃仁術。……今恩足以及禽獸，而功不至於百姓者，獨何與？」[27]

孟子曰：「人皆有不忍人之心。先王有不忍人之心，斯有不忍人之政矣。以不忍人之心，行不忍人之政，治天下可運之掌上。所謂人皆有不忍人之心者，今人乍見孺子，將入於井，皆有怵惕惻隱之心，非所以內交於孺子之父母也。非所以要譽於鄉黨朋友也。非惡其聲而然也。」[28]

這二節從齊宣王不忍牛之觳觫和人不忍孺子入井出發，歸結到擴充諸德之端的重要性。孟子說：「故推恩，足以保四海，不推恩，無以保妻子」。又說：「苟能充之，足以保四海，苟不充之，不足以事父母。」[29]

---

[27]《孟子・梁惠王章句上》第七章。

[28]《孟子・公孫丑章句上》第六章。

此外如宋人揠苗助長和齊人有一妻一妾的故事，都是直接從具體的事實出發引到比較抽象的道理，深入而淺出，描寫極為生動而中肯。又如孟子和墨者夷之論葬的一段，也表現了相同的方法。

「蓋上世嘗有不葬其親者，其親死，則舉而委之於壑，他日過之，狐狸食之，蠅蚋姑嘬之，其顙有泚，睨而不視。夫泚也，非為人泚，中心達於面目。蓋歸反虆梩而掩之。掩之，誠是也。則孝子仁人之掩其親，亦必有道矣。」㉚

這一段的敘述追溯了葬禮的根源。所描寫的是一種心理上的直覺反應，從中心達於面目，發諸行為，以證明「禮」並不是空洞的形式和規範。人生最原

㉙參看註㉗及註㉘所引的兩章。
㉚《孟子・滕文公章句上》第五章。

始的體驗，最直接的經歷，往往就接觸到德性之端。這是孟子論辯的一個主要基礎。

孟子用以論辯他的思想的第二個方法和上述第一個「直覺體驗」的方法有關連，我們叫它做「充情知類」法。孟子認為人性中既有諸德之端，自然就有完滿地實現諸德的可能。根據這個原則，只要證實了某種德性之端的存在，則該種德性自有其擴充和完滿的實現的可能。其實現與否，問題不在可能不可能，而在乎個人去不去做。孟子從齊宣王不忍見牛之觳觫的舉動，證實他有不忍人的仁端，因此推知他「能」行仁政。仁政之不曾實現，是因為後天的影響，讓私欲掩蔽了仁端，或是知而不行，沒有讓仁端有充分發展的機會。

我們所說的「充情、知類」的原則，也就是知行合一的原則。故孟子論四端時說：「凡有四端於我者，知皆擴而充之矣。若火之始然，泉之始達。苟能充之，足以保四海，苟不充之，不足以事父母。」[31]

---

[31]《孟子・公孫丑章句上》第六章。

「類」的觀念在孟子思想及論辯中佔有極重要的地位，在《孟子》一書中用了不下十三次之多；而且所有對仁政、對性善和對諸德性起源的論辯，都直接或間接地應用了「類」的觀念和類比推理。「知類」就是把天下事物依其異同而分類，並界說各類事物的通性。在討論問題時用比較顯明易見的例子來推論同類中比較深奧難懂的情況，也就是應用類的邏輯。孟子對類的邏輯應用的很嫻熟。他首先肯定一個大前提：「凡同類者舉相似也」，[32]然後說出一個特殊的情況來，從這情況中抽出這一類事物的通性，建立一個觀念，然後用這個觀念「類推」其他相似的情況。孟子就是用二個特殊的情況來分別「不能」和「不為」兩個觀念，而且推論齊宣王之不保民，是屬於「不為」的一類。孟子論辯的內容如下。

「曰：不為者與不能者之形，何以異？曰：挾太山以超北海，語人曰：我

[32]《孟子・告子章句上》第七章。

不能，是誠不能也。為長者折枝，語人曰：我不能，是不為也，非不能也。故王之不王，非挾太山以超北海之類也。王之不王，是折枝之類也。」[33]

在《孟子》這一章裡，「不為」這一類包括了「力足以舉百鈞，而不足以舉一羽」，「明足以察秋毫之末，而不見輿薪」，「恩足以及禽獸，而功不至於百姓」和「為長者折枝」四個情況。保民的「仁政」不是不能做到的，仁政之不曾實現，乃是由於為政者之「不為」。

在「凡同類者舉相似」的大前提下，孟子說：「聖人與我同類者」[34]，因而引出「舜何人也，予何人也，有為者亦若是」[35]的結論來。這結論是邏輯上的必然。《孟子》裡又引有若之言：「麒麟之於走獸，鳳凰之於飛鳥，泰山之於

---

[33]《孟子・梁惠王章句上》第七章。

[34]《孟子・告子章句上》第七章。

[35]《孟子・滕文公章句上》第一章。

丘垤，河海之於行潦，類也。聖人之於民，亦類也。出於其類，拔乎其萃，自生民以來，未有盛於孔子也。」㊱同類之間固有通性，唯能充其情者，才能夠「出於其類，拔乎其萃」。

孟子舉過下面一個不知類的例子：

「今有無名之指，屈而不信，非疾痛害事也。如有能信者，則不遠秦楚之路，為指之不若人也。指不若人，則知惡之，心不若人，則不知惡，此之謂不知類也。」㊲

指之不若人和心之不若人同屬於不若人的事物一類。孟子要求人對同類事物有相似的認識和反應；能夠舉一反三，方才算是知類。

㊱《孟子・公孫丑章句上》第二章。

㊲《孟子・告子章句上》第十二章。

上文中所述的「直覺、體驗」法，往往是在特殊情況下觸發的感受。如要把這種體驗推廣成為理論，就必須把這種特殊情況普遍化。這時候我們就得應用「知類」的原則，把從有限經驗中得來的知識推廣，並且普遍應用到同類的事物上。「知類」因此是知識的推廣和運用，極富歸納和演繹邏輯的意味。「充情」則是個人行為上的實踐，把知道的一些善端擴充為全人格的實現。因此，要「充情」就必須「知類」。「充情」和「知類」是相輔相成的——知識是行為的基礎，行為是知識的表現和完成，兩者不可缺其一。這是儒家思想的一個重點。

孟子用以論辯他的思想的第三個方法，我們稱之為「正名、定義」法。這方法是從孔子的正名思想蛻變出來的。[38]「正名、定義」法的應用就是對於不同的事物和情況，冠以不同的名稱和定義，然後根據它不同的名稱和定義，賦

[38] 孔子正名思想的發展和運用，請參看拙作〈論孔子的正名思想〉（《出版月刊》，一九六七年三月）。

予不同的道德價值。孟子應用這方法的例子很多，諸如：

「流連荒亡，為諸侯憂。從流下而忘反，謂之流；從流上而忘反，謂之連；從獸無厭，謂之荒；樂酒無厭，謂之亡。先王無流連之樂，荒亡之行。」[39]

「賊仁者謂之賊，賊義者謂之殘，殘賊之人，謂之一夫。聞誅一夫紂矣，未聞弒君也。」[40]

「以順為正者，妾婦之道也。居天下之廣居，立天下之正位，行天下之大道；得志，與民由之，不得志，獨行其道；富貴不能淫，貧賤不能移，威武不能屈，此之謂大丈夫。」[41]

[39]《孟子・梁惠王章句下》第四章。

[40]《孟子・梁惠王章句下》第八章。

[41]《孟子・滕文公章句下》第二章。

現在我們舉一個例子來詳細說明「正名、定義」法的應用。孟子從仁人在位一定會「以不忍人之心，行不忍人之政」[42]的前提，推出「焉有仁人在位，罔民而可為也」的結論來。孟子解釋「罔民」，就是「陷乎罪，然後從而刑之」。[43]怎麼樣陷民於罪呢？孟子說過：「民之為道也，有恆產者有恆心，無恆產者無恆心。苟無恆心，放辟邪侈，無不為已。」[44]因此，為君者如不給民以恆產，就會陷民於罪，產生「罔民」的結果。從仁君不罔民的前提出發，加上我們對「罔民」的了解，自然就可以推論出「故明君制民之產」[45]的為政原則來。這是運用「正名、定義」法的一個顯例。論辯的關鍵繫乎「罔民」的定義上。「行仁政」和「制民之產」之間的關係，透過「罔民」的觀念及其內涵，自

[42]《孟子．公孫丑章句上》第六章。
[43]《孟子．滕文公章句上》第三章，又〈梁惠王章句上〉第七章。
[44]《孟子．滕文公章句上》第三章。
[45]《孟子．梁惠王章句上》第七章。

然而然的就表現出來。

「正名、定義」法除了在論辯上的應用外，還給不少儒家思想上的觀念立下界說。比方說，下面的幾個定義，就間接地幫助孟子建立了性善論及性命之說：

「可欲之謂善，有諸己之謂信，充實之謂美，充實而有光輝之謂大，大而化之之謂聖，聖而不可知之之謂神。」[46]

界說的建立，觀念的澄清，使整個思想體系獲得一個穩固的基礎。

(三)孟子的性命之說和性善論。

在第二章中我們已經說過：凡是政治、社會和倫理哲學，發展到某一個程度，就必須面臨一些基本的形上學的問題。孔子可以罕言天道和性命，戰國時

46《孟子．盡心章句下》第二十五章。

代的儒家就不能這樣做。孟子一而再、再而三的討論到「性」、「命」、「天」、「道」、「心」、「氣」、「義」、「理」等問題，一方面固然是由於他的直覺體驗使他對人的存在及其本質有所了解，另一方面則由於儒家的發展趨勢已到了有解答這些基本問題的必要。因此，孟子對性命天道與心氣義理的討論，是具有其時代意義的。他把儒家思想帶進了一個新的境界，為孔子的學說提供了一個內在的原則和形上學的體系。

「性」和「命」雖然都秉承於天，可是兩者之間卻有很大的差別。「性」是個人自我主動的創發能力；「命」則是外在加於個人主體上的限制，是人力所不能控制的客觀條件。我們可以說：「性」和「命」代表兩種不同的傾向：前者鼓動人的自我發展，後者則限制人的自我發展。在人格的成長中，「性」和「命」兩者必須調和和配合。未發揮個人主體的能力，不足以言客觀條件的限制；但是不知道避免客觀的阻礙或配合外在的因素，個體的努力往往也是徒然的。因此人應當盡量配合外在的因素，在客觀條件的限制之下，爭取最高度的主動性和創發性。這是我們往後要討論的孟子性善論的意義。

「性」就是人的本心，也就是孟子所說的「赤子之心」[47]。這個赤子之心是秉承於天，與生俱來，不假外求的。它包含了惻隱之心，羞惡之心，恭敬辭讓之心和是非之心。孟子說：

「惻隱之心，人皆有之；羞惡之心，人皆有之；恭敬之心，人皆有之；是非之心，人皆有之。惻隱之心，仁也，羞惡之心，義也，恭敬之心，禮也，是非之心，智也。仁義禮智，非由外鑠我也，我固有之也，弗思耳矣。故曰：求則得之，舍則失之，我相倍蓰而無算者，不能盡其才者也。《詩》曰：天生蒸民，有物有則，民之秉彝，好是懿德。孔子曰：為此詩者，其知道乎。故有物必有則；民之秉彝也，故好是懿德。」[48]

[47]《孟子・離婁章句下》第十二章。

[48]《孟子・告子章句上》第六章。

「性」是各種德性或諸「情」之端的總匯，是按照「有物必有則」的定律來的，是反躬可求的。有物必有則，凡人皆有性，故「性」有其先天的存在，發揮它，使逐漸進入「善」、「信」、「美」、「大」、「聖」、「神」[49]的境界，就是「充情」。不充情，這本心就會慢慢為私欲所蔽。縱使如此，「性」還是在那兒，並不因受後天事物的影響而消滅。「我固有之也，弗思耳矣」。「求則得之，舍則失之」，「得」「失」只是心知上的得失，而不是實際上的存亡。因此，孟子說：

「君子所性，雖大行不加焉，雖窮居不損焉，分定故也。君子所性，仁義禮智根於心，其生色也，睟然見於面，盎於背，施於四體，四體不言而喻。」[50]

---

[49] 見《孟子・盡心章句下》第二十五章。

[50] 《孟子・盡心章句上》第二十一章。

「性」也就是孟子所說的良能良知：

「人之所以不學而能者，其良能也，所不慮而知者，其良知也，孩提之童，無不知愛其親也，及其長也，無不知敬其兄也。親親，仁也，敬長，義也。」[51]

孟子所說的「性」是指人的本心，因此在《孟子》裡「心」和「性」兩詞常常通用。孟子認為要發揮人的主動性和創發性，一個人必須要「盡其心」，必須要先「知其性」。如何可以「知其性」呢？孟子勸人用心思去反求諸己。他說：

「心之官則思，思則得之，不思則不得也。此天之所與我者。」[52]

[51]《孟子・盡心章句上》第十五章。

這裡孟子甚至有走到唯心主義的極端底趨向。他認為「萬物皆備於我」，[53]因此只要「反心而誠」——用心思去「知其性」、「盡其心」，把人心的善端推廣，所謂「親親而仁民，仁民而愛物」，[54]則求仁一定得仁，求知一定得知了。因為「性」是「天」所賦予的，能盡心知性，自然也就「知天」了。孟子說：

「盡其心者，知其性也；知其性，則知天矣。存其心，養其性，所以事天也。」[55]

「天」把「性」和「命」這二股表面上互相排斥的力量聯合起來，蓋「性」

---

[52]《孟子・告子章句上》第十五章。

[53]《孟子・盡心章句上》第四章。

[54]《孟子・盡心章句上》第十五章。

[55]《孟子・盡心章句上》第一章。

是天之所授，「命」是天之所命，二者皆秉承於天。「天」授予個人主體以主動和創發能力，同時也加以一種外在的限制。因之，「性」和「命」要在「天」之內得到統一和和諧。

在《孟子》裡，「天」和「命」兩詞常常通用。雖然「性」也是「天」的一部分，一般的用法卻把「天」用來代表人力範圍之外的力量及自然界的因素。「天命」不是人力所能引起或控制的，它構成對人的主動性和創發性的一種限制。像上文中「知性則知天」一段，將「天」和「性」兩詞連用在一起，在《孟子》中是比較少見的。《孟子》給「天命」下了如下的一個界說：

「……皆天也，非人之所能為也。莫之為而為者，天也。莫之致而至者，命也。」56

56《孟子・萬章章句上》第六章。

人所以能配合天命的做法，只是「順天知命」。什麼是「知命」呢？好些自然界的規律都是可以從經驗中歸納出來的。知道了這些規律，每遇到相類的情況時，可以用來權衡可能產生的結果。人可以依據這些可能性而採取適當的行動，避免觸犯這些客觀的條件而引起禍端。「命」雖然在我們控制能力的範圍之外，它卻在我們知識能力的範圍之內，我們雖然不能夠「逆命」，卻能夠「知命」，所以孟子說：

「莫非命也，順受其正。是故知命者，不立乎巖牆之下，盡其道而死者，正命也。桎梏死者，非正命也。」[57]

所謂「順天知命」不外是下面這個原則：命可避者則避之，不可避者則順之。由於「知命」的結果，「命」分成可知的和不可知的。可知的裡面又分已知

[57]《孟子．盡心章句上》第二章。

的和未知的。人一方面在已知客觀條件的限制下，盡量發揮其主動和創發能力去盡其心，知其性；另一方面，對於不可知或未知的客觀條件，人只好等它來了才隨機應變，因此，對於客觀的條件，我們並不是盲目地去順從，在一般情況之下，還是要爭取最大的主動。所以孟子又說：

「君子行法以俟命而已矣。」[58]

孟子常常把歷史上一些事件和個人的際遇解釋為「天命」，而且都是不可知、不可避的天命。因其不可知、不可避，當之者就只好順受了。下面一段，一則解釋何以堯、舜禪讓而禹傳位於子，一則解釋何以益、伊尹、周公和孔子雖賢而不有天下。

[58]《孟子・盡心章句下》第三十三章。

「丹朱之不肖，舜之子亦不肖。舜之相堯，禹之相舜也，歷年多，施澤於民久。啟賢，能敬承繼禹之道。益之相禹也，歷年少，施澤於民未久。舜、禹、益，相去久遠；其子之賢不肖，皆天也，非人之所能為也。」59

「匹夫而有天下者，德必若舜禹，而又有天子薦之者；故仲尼不有天下。繼世以有天下，天之所廢，必若桀紂者也；故益、伊尹、周公不有天下。」60

諸人才德相若而際遇不同，孟子都解釋為「天命」——「天與賢則與賢，天與子則與子」，「皆天也，非人之所能為也」。61孟子引孔子所說的：「唐、虞禪，夏后、殷、周繼，其義一也」，62就是這個意思。

59《孟子・萬章章句上》第六章。

60同上。

61同上。

上文中我們說過：「性」代表鼓動人自我發展的一種力量，「命」代表限制人自我發展的一種力量。孟子認為仁義禮智雖源於天道，卻不屬於「命」而屬於「性」；欲望偏好雖與生俱來，卻不屬於「性」而屬於「命」。這是因為仁義禮智是實現自我主動性的根源和途徑；欲望偏好則受制於物，限制人自我的發展。孟子說：

「口之於味也，目之於色也，耳之於聲也，鼻之於臭也，四肢之於安佚也，性也，有命焉，君子不謂性也。仁之於父子也，義之於君臣也，禮之於賓主也，智之於賢者也，聖人之於天道也，命也，有性焉，君子不謂命也」。[63]

---

[62] 同上。

[63] 《孟子・盡心章句下》第二十四章。

食色感官的欲望和偏好之為「命」，和一般天命之為「命」，在意義上略有不同。除了一些可知及已知的自然規律外，一般的命都不是人可以主動地控制或避免的。欲望偏好則是人可以而且應主動控制的。孟子主張「養心在寡欲」，在「性」與「命」的配合上，仁義禮智等德性應該加以發展，欲望和偏好則應該加以節制而使之「寡」。他說：

「養心，莫善於寡欲。其為人也寡欲，雖有不存焉者，寡矣。其為人也多欲，雖有存焉者，寡矣。」[64]

孟子對命的解釋還有一點值得提出的。對個人主體而言，「命」包括感官的欲望和偏好；而對統治者而言，「命」還包括了反映於民意的天命。這點和孟子在政治思想上「順天即順民」的主張很有關係，我們將在本章中討論。

[64]《孟子・盡心章句下》第三十五章。

屬於「命」的欲望偏好應當加以節制，屬於「性」的德性應當加以擴充。該怎樣擴充德性呢？我認為《孟子・公孫丑》章句上第二章中所說的「不動心」、「知言」、「養氣」與「持志」都是孟子心目中擴充德性的方法與修持。什麼是「不動心」呢？前面我們已經說過，孟子把性看做人的本心，「不動心」因此就是「不動性」。孟子的「不動心」就是固執善端，不因外物的影響而動搖，亦不因外在的困難而畏縮。[65] 怎樣才可以達到不動心這種境界呢？我們可以從孟子對告子不動心之道——「不得於言，勿求於心，不得於心，勿求於氣」——的批評中找到答案。[66] 孟子說：

「不得於心，勿求於氣，可；不得於言，勿求於心，不可。夫志，氣之帥

[65] 參看胡簪雲〈「知言」「持志」與「養氣」〉（《孟子研究集》，頁二一〇－二一五）。並參看戴君仁〈孟子知言養氣章〉（同上書，頁一九七－二〇七）。

[66] 《孟子・公孫丑章句上》第二章。

也。氣，體之充也。夫志至焉，氣次焉。故曰：持其志，無暴其氣。」[67]

在這裡孟子顯然把心分為「志」和「氣」兩部分[68]。「志」是心的主動，「氣」是人體的生命力，是心的附屬。「志」可以影響「氣」，但「氣」也可以反過來影響「志」。「不動心」就是要維持心的主動並同時保有充沛的生命力。孟子說：「志壹則動氣，氣壹則動志。今夫蹶者、趨者，是氣也，而反動其心。」[69]要維持心的主動就是要「持其志」。怎樣「持其志」呢？凡是心志未能接受的主張或肯定的原則，不可貿貿然施之於氣，讓生命力輕易消耗；同時也讓心志失去了主動。因此孟子同意告子「不得於心，勿求於氣」的說法。至於告子「不得於言，勿求於心」的說法，孟子則持異議。告子認為對事物之是與

[67] 同上。

[68] 見胡簪雲〈「知言」「持志」與「養氣」〉。

[69] 《孟子‧公孫丑章句上》第二章。

非，義與不義的認識，是來自外物的[70]，因此「言」與「心」之間並沒有直接的因果關係。對孟子來說，心包含了宇宙的道德真理，以仁義禮智為首。「知言」既是要認識一些基本的道德真理，包括事物之是與非，義與不義等，要「知言」，自然就要求於心。如果一個人「不得於言」，這反映他內心尚受蒙蔽，尚未發現心中固有的真理，他必須「反求諸己」，「反身而誠」。因此「心」和「言」之間的關係是非常密切的，由此可知，孟子非但反對告子的「不得於言，勿求於心」，實際上他主張「不得於言，『應』求於心」。

在下文中孟子解釋「知言」為能夠分辨是非曲直：

「何謂知言？曰：詖辭知其所蔽，淫辭知其所陷，邪辭知其所離，遁辭知其所窮。」[71]

[70]此告子所以有「義外」之說。詳見陳大齊〈告子及其學說〉（《孟子研究集》，頁一四五—一八〇）。至於孟子的義內說和告子的義外說，可參看同書，頁一三九—一四四。

「生於其心，害於其政，發於其政，害於其事。聖人復起，必從吾言矣。」[72]

要積極的去發現真理，培養分辨正、邪、是、非的功能，有賴於「浩然之氣」的培養。什麼是「浩然之氣」呢？孟子的回答是：

「難言也。其為氣也，至大至剛，以直養而無害，則塞於天地之間。其為氣也，配義與道，無是餒也。是集義所生者，非義襲而取之也。行有不慊於心，則餒矣。」[73]

[71]《孟子・公孫丑章句上》第二章。
[72]同上。
[73]同上。

善養浩然之氣，大概就是維持心的主動及擴充諸德之端。因此「浩然之氣」是「配義與道」，是「集義所生」的。它是一個人擴充德性、發展自我所產生的結果。有了「浩然之氣」，在行動時非但可以不餒，還可以隨心所欲不踰矩，這就做到了「不動心」的境界。

上面我們討論了孟子的性命觀。由「性」和「命」觀念導出孟子對「天」對「心」的看法——天是命的根源，心是性之所據，孟子的人生理想是「順天」「知命」和「充情」，順天知命在個人修養上以寡欲為主，在國君施政上則以順從民意為主。充情是擴充人性中固有的德性之端，以達不動心的境界。要做到不動心，端賴於「知言」「持志」和「養氣」。由此可見孟子思想的一貫——「天道」和「人道」之間的配合，也就是「性」與「命」之間的配合與和諧。從這裡出發，我們可以領略到孟子的性善論和他仁政的理想，卻是建築在他「性」「命」的觀念上面。

孟子性善論的中心思想在「性」之有主動去發揮德性的力量。個人主動的創發能力表現於德性之自然流露。孟子認為人有潛在的德性，必須加以發揮。荀子則謂人性之善為「偽」的結果，但他並不否認人有潛在的向善能力，有能接受改造的潛能。故單就人性中向善的潛在能力而言，孟荀均承認它的存在。實際上，孟荀之間卻相差很大[74]。因為孟子以為人性的向善是主動的，故向善的方法是復其本心；荀子則以為人性的向善是被動的，故向善的方法是借重外

---

[74] 陳大齊在其所著《孟子性善說與荀子性惡說的比較研究》（中央文物供應社《中國文化叢書》，民國四十二年，臺北）一書中指出「孟子的性善與荀子的性惡說誠屬相反，但其實際上的相反程度並不如其學說名稱所顯示之甚」（頁三七－三八）。陳氏所持之論證為孟荀所用「性」之一字，其意義各不相同。此點殆無疑問，但此並不顯示孟荀在對「人性」的了解上無極重要的實質上的(real)，而不僅是名詞上的(terminological)差異。此項差異乃是孟子以人性有原始主動創發之性，個人可憑藉其一己所具的創發力臻於全善之境。至於荀子則不認為人性有原始主動創發之性，而人所具心知似必待解欲惡之蔽而後顯其功用。故荀子不以心知為人之原性之一部，而其謂人性為惡，非言心知亦為惡也。再者，根據荀子，個人也未必能據一己已顯之理以臻於德義。故教化，及禮儀樂法之制作為「改進」人性，實現社會秩序的必要條件。

力的陶冶。孟荀之說，一求於內，一求於外；一為主動，一為被動；於是性善、性惡之論，乃各執其一端。

孟子對性善的論證，完全訴之一個人的直覺體驗，所以他說：「乃若其情，則可以為善矣，乃所謂善也。」[75]性之善屬於性的本質，「非由外鑠我也，我固有之也。」[76]孟子說：「故有物，必有則」，性之善就是性之則。性善的內容包含了惻隱之心、善惡之心、恭敬辭讓之心、是非之心四端。孟子認為這四端都是可以在適當的情況下直覺體驗到的，因此證明人性為善。

在〈告子篇〉裡，孟子批評告子「性無善無不善」的說法，並對告子對性善說的批評作答辯。在這些批評和論辯中，孟子顯然把「性之善」解釋為潛在的向善及成善能力。他說：「人性之善也，猶水之就下也，人無有不善，水無有不下。」[77]孟子認為這種成善的能力在正常的情況下即會自然流露，而為諸

---

[75]《孟子・告子章句上》第六章。

[76]同上。

德之端。順著人性去發揮這種成善的能力，即合乎仁義之道。

可是什麼是一般正常的情況呢？什麼是未受外在影響而產生的自然情況呢？這是一個相當困難的問題。孟子訴之以直覺，並沒有作進一層的分析，看看這種直覺是否帶有後天習慣的成分在內。也沒有進一步觀察這些所謂自然產生的情況，是否帶有「偽」的成分。這是性善論的不足之處。

如果我們視孟子的性善之說為強調個人的主動自發性所必須建立的一套理論，則撇開一些未獲得完滿解答的問題不談，孟子的性善之說不失為一個良好的假設，可能導致良好的效果。如同威廉・詹姆士的「信仰意志」(will to believe)，「性善論」自有其實踐及形上學的價值。

總之，因為孟子主張性善，諸德性之端遂有內在的根源。性有主動自發的能力，道德遂成為個人自我實現的一種方式。「善」完全得之於心，而不建築在對外物的認識上。這是孟子反對告子「仁內義外」的基本論點。

[77] 《孟子・告子章句上》第二章。

(四)孟子的仁政理想。

戰國時代的人民，生活在水深火熱之中。當時的人君都好戰、好貨、好聲色犬馬之樂。賦斂征役，使人民疲於奔命。更因人君要擴張勢力，彼此侵略，人民遂成了爭城奪地的戰爭犧牲品——「爭地以戰，殺人盈野，爭城以戰，殺人盈城。」[78]

孟子對當時老百姓的生活，有如下的觀察：

「庖有肥肉，廄有肥馬，民有饑色，野有餓殍（莩），此率獸而食人也。」[79]

「今也，制民之產。仰不足以事父母，俯不足以畜妻子，樂歲終身苦，凶年不免於死亡。」[80]

78《孟子・離婁章句上》第十四章。

79《孟子・梁惠王章句上》第四章；又〈滕文公章句下〉第九章。

「彼奪其民時，使不得耕耨，以養其父母。父母凍餓，兄弟妻子離散。」[81]

「凶年饑歲，君之民，老弱轉乎溝壑，壯者散而之四方者，幾千人矣。而君之倉廩實，府庫充，有司莫以告，是上慢而殘下也。」[82]

「梁惠王以土地之故，糜爛其民而戰之。」[83]

人民的生命財產都沒有保障。而人君們只管滿足一己的吞併野心和欲望，置人民的死生禍福於不顧。這是戰國時代一般統治者的行徑，也就是孟子所說的「暴政」和「霸道」。孟子認施暴政、行霸道者，終歸會走上滅亡的道路。「王天下」的不二途徑，乃是要施行仁政，保民若子。

---

[80]《孟子・梁惠王章句上》第七章。

[81]《孟子・梁惠王章句上》第五章。

[82]《孟子・梁惠王章句下》第十二章；又見《孟子・公孫丑章句下》第四章。

[83]《孟子・盡心章句下》第一章。

孟子從歷史上看到暴君的滅亡，也從同時代的政治社會的情況中看到以利立國、以力服人的危險性。在下面數則中，孟子力陳暴政之不可行，利之不可為立國之本。

「王何必曰利，亦有仁義而已矣。王曰：何以利吾國。大夫曰：何以利吾家。士庶人曰：何以利吾身。上下交征利，而國危矣。萬乘之國，弒其君者，必千乘之家；千乘之國，弒其君者，必百乘之家。萬取千焉，千取百焉，不為不多矣。苟為後義而先利，不奪不饜。」[84]

「孔子曰：道二，仁與不仁而已矣。暴其民，甚則身弒國亡；不甚，則身危國削。名之曰幽厲，雖孝子慈孫，百世不能改也。詩云：殷鑒不遠，在夏后之世。此之謂也。」[85]

[84]《孟子・梁惠王章句上》第一章。

[85]《孟子・離婁章句上》第二章。

「三代之得天下也，以仁。其失天下也，以不仁。國之所以廢興存亡者，亦然。天子不仁，不保四海。諸侯不仁，不保社稷。卿大夫不仁，不保宗廟。士庶人不仁，不保四體。今惡死亡而樂不仁，是猶惡醉而強酒。」[86]「為人臣者，懷利以事其君；為人子者，懷利以事其父；為人弟者，懷利以事其兄；是君臣、父子、兄弟，終去仁義，懷利以相接，然而不亡者，未之有也。」[87]

孟子針對當時的好利，提出了仁義的原則；針對當時國君的自私自利，提出了愛民保民的仁政理想。

孔子對君權的來源未作明顯的說明，但他似乎不否認君權決定於「天」和「命」。孟子雖然不否認君權的授予是天命之所歸，可是在下面一段中他卻明言

[86]《孟子・離婁章句上》第三章。

[87]《孟子・告子章句下》第四章。

君權來自人民，人民是統治權的來源，是國家的基礎。

「孟子曰：民為貴，社稷次之，君為輕。是故得乎丘民而為天子，得乎天子為諸侯，得乎諸侯為大夫。」88

88《孟子．盡心章句下》第十四章。陳槃先生以為「民貴，君輕，君權來自人民之說，由來古矣，不可謂『有別於周制』，只非孟子始『重新規定』者。《桓三年左傳》，季梁諫隨侯曰：『所謂道，忠於民而信於神也。上思利民，忠也，祝史正辭，信也。……先民，神之主也。是以聖王先成民，而後致力於神……故務其三時（春夏秋耕稼）、脩其五教、親其九族，以致其禋祀；於是平民和而神降之禍，故動則有成。今民各有心，而鬼神乏主。君雖獨豐，其何禍之有。』又《襄十四年傳》：『師曠謂晉侯者曰：衛人出其君，不兄慈乎！（師曠）對曰：或者其君實甚。……夫君，神之主也，民之望也。若困民之主，匱神乏祀，百姓絕望，社稷無主，將亦用之，弗去何如，天生民而立之君，使司牧之，勿使失性。有君而為之戒，使師保之，勿使過度。……天之愛民甚矣，豈其使一人肆於民上，以從其淫，而棄天地之性，必不然矣』；《國語．晉語》一，驪姬謂獻公：『吾聞之外人言曰……長民者無親，眾以為親。苟利眾而百姓和，豈能憚君（韋解：豈憚殺君）。以眾故，不敢愛親，眾況厚之（解：言以眾故殺君，除民害，眾益以為厚）……。

「天命」見之於「民意」。因此民意之所歸，也就是天命之所歸。孟子曾說道：

「昔者，堯薦舜於天而天受之。暴之於民而民受之。故曰：天不言，以行與事示之而已矣。……使之主祭，而百神享之，是天受之。使之主事而事

凡民利是生（解：謂為民生利），殺君而厚利眾，眾孰之』，《國語》中，晉襄公曰：『聖人知民之不可加也（韋解：加，猶上也），故王天下者，必先諸民，然後庇焉，則能長利』（韋解：先諸民，先求民志也。庇猶蔭也。言王者先及民，而後自庇蔭也。長利，有禍利也）。案季梁之言，『先成民而後致力於神』，『於是乎民和而神降之福』；師曠之言，困民之君主，使『百姓絕望，社稷無主』則此其君，『將及用之，弗去何為』；晉襄公之言，『必先諸民』然得所『庇』蔭，是則民貴，君輕，君權來自人民之思想，《孟子．萬章》下引〈泰誓〉所謂『天視自我民視，天聽自我民聽』者是也。〈泰誓〉又曰『天佑下民，作之君，作之師』；『天矜于民，民之所欲，天必從之』。西周經典，此等詞義可以觸類而通者，不可枚舉。此即君權來自人民之古義矣。君權來自人民，則民貴，君輕矣，民貴斯所以為『國家之基礎』矣」。陳氏此說甚有價值。

治，百姓安之，是民受之也。天與之，人與之。」[89]

「天不言」，是因「天命」假借於「民意」來表現，「天視自我民視，天聽自我民聽」；[90]天命並非不可捉摸的，它是在實在的行與事中表示出來。

天子既秉承天命和民意而為天子，他在行政措施上就得順天命，順民意。順天命就是施行仁政，「親親而仁民，仁民而愛物」；[91]換句話說，就是推廣其仁義之端。孟子說：「人皆有所不忍，達之於其所忍，仁也。人皆有所不為，達之於其所為，義也。」[92]什麼是順民意呢？就是順應民情以任用賢能，懲處敗類。孟子說：

[89]《孟子・萬章章句上》第五章。
[90]同上。
[91]《孟子・盡心章句上》第四十五章。
[92]《孟子・盡心章句下》第三十一章。

「左右皆曰賢，未可也；諸大夫皆曰賢，未可也；國人皆曰賢，然後察之，見賢焉，然後用之。左右皆曰不可，勿聽；諸大夫皆曰不可，勿聽；國人皆曰不可，然後察之，見不可焉，然後去之。左右皆曰可殺，勿聽；諸大夫皆曰可殺，勿聽；國人皆曰可殺，然後察之，見可殺焉，然後殺之，故曰國人殺之也。如此，然後可以為民父母。」[93]

一個國君如果能夠順從民意，做到「貴德而尊士，賢者在位，能者在職」，[94]他算是已完成了仁政的初步。至於施行仁政的原則和模型，我們將在下文中討論。

施行仁政的基本原則是順天愛民，尊仁重義。除了任用賢能之外，孟子還提出兩個具體的原則：一是「不嗜殺人」，一是「與民同樂」。所謂「不嗜殺人」就是不驅策人民作爭城奪地的戰爭的犧牲品。當梁襄王問孟子「天下惡乎定」

[93]《孟子・梁惠王章句下》第七章。

[94]《孟子・公孫丑章句上》第四章。

時，孟子說：「定於一」，但誰可以一統天下呢？孟子回答說：「不嗜殺人者能一之」。[95]他的理由很簡單：

「王知夫苗乎？七八月之間，旱，則苗槁矣。天油然作雲，沛然下雨，則苗浡然興之矣。其如是，孰能禦之？今夫天下之人牧，未有不嗜殺人者也。如有不嗜殺人者，則天下之民皆引領而望之矣。誠如是也，民歸之，由水之就下，沛然誰能禦之。」[96]

「與民同樂」的意思是「憂民之憂」，「樂民之樂」。孟子給齊宣王解說「獨樂樂」和「與眾樂樂」的不同如下：

---

[95]《孟子・梁惠王章句上》第六章。

[96]同上。

「今王鼓樂於此，百姓聞王鐘鼓之聲，管籥之音，舉疾首蹙頞而相告曰：吾王之好鼓樂，夫何使我至於此極也；父子不相見，兄弟妻子離散。今王田獵於此，百姓聞王車馬之音，見羽旄之美，舉疾首蹙頞而相告曰：吾王之好田獵，夫何使我至於此極也，父子不相見，兄弟妻子離散，此無他，不與民同樂也。今王鼓樂於此，百姓聞王鐘鼓之聲，管籥之音，舉欣欣然有喜色而相告曰：吾王庶幾無疾病與！何以能鼓樂也。今王田獵於此，百姓聞王車馬之音，見羽旄之美，舉欣欣然有喜色而相告曰：吾王庶幾無疾病與！何以能田獵也。此無他，與民同樂也。今王與百姓同樂，則王矣。」[97]

至於文王之囿，方七十里，民猶以為小，齊宣王之囿，方四十里，民猶以為大，原因是：「文王之囿，方七十里，芻蕘者往焉，雉兔者往焉，與民同之，

[97]《孟子・梁惠王章句下》第一章。

民以為小，不亦宜乎」。[98]而齊王之囿則不然。文王征用民力來經營靈臺臺沼，人民非但不抱怨，而且歡欣雀躍，原因是：「與民偕樂，故能樂也」。[99]

如果人君不與民同樂，人民看到人君遊樂，自然怨生於心，「人不得，則非其上矣。」[100]孟子覺得不得而非其上者，固然不對，但是：

「為民上而不與民同樂者，亦非也。樂民之樂者，民亦樂其樂，憂民之憂者，民亦憂其憂。樂以天下，憂以天下，然而不王者，未之有也。」[101]

事實上，「不嗜殺人」和「與民同樂」這兩個原則都是「不忍人之心」的表

---

[98]《孟子・梁惠王章句下》第二章。

[99]《孟子・梁惠王章句上》第二章。

[100]《孟子・梁惠王章句下》第四章。

[101]同上。

現，也就是性之善的推廣。仁政的基礎不外是為人君者發揮其本性之善，以成其王道。所以孟子認為人君「推恩足以保四海，不推恩無以保妻子」，推恩就是擴充「不忍人之心」的應用範圍，從「事親」「從兄」到「利民愛物」，[102]是積極地「以其所愛，及其所不愛」。[103]

孟子既以統治權來自人民，為人君者如果不行仁政，人民就可以廢除他。所以他說：

> 「賊仁者謂之賊，賊義者謂之殘，殘賊之人，謂之一夫。聞誅一夫紂矣，未聞弒君也」。[104]

---

[102]《孟子・離婁章句上》第二十七章：「孟子曰：仁之實，事親是也，義之實，從兄是也。」

[103]孟子認為：「仁者，以其所愛，及其所不愛，不仁者，以其所不愛，及其所愛。」見《孟子・盡心章句下》第一章。

[104]《孟子・梁惠王章句下》第八章。

「諸侯危社稷，則變置。犧牲既成，粢盛既潔，祭祀以時，然而旱乾水溢，則變置社稷」。[105]

統治者由於殘賊仁義，使民不聊生，便可以被變置，被廢除。這是孟子富有革命性的政治思想。

孟子對實施仁政所提出的具體方案，是以孔子「庶民、富民、教民」[106]的原則為基礎的。他認為一個人君必須首先注意老百姓的福利，應該使他們的生活安適，免於饑寒，然後教以孝悌之義，使他們除了豐足的物質生活之外，還生活在和諧的社會倫理秩序之中。孟子提供的辦法如下：

「不違農時，穀不可勝食也。數罟不入洿池，魚鼈不可勝食也。斧斤以時

[105]《孟子・盡心章句下》第十四章。

[106]見《論語・子路》。

入山林，材木不可勝用也。穀與魚鼈不可勝食，材木不可勝用，是使民養生喪死無憾也。養生喪死無憾，王道之始也。五畝之宅，樹之以桑，五十者可以衣帛矣。雞豚狗彘之畜，無失其時，七十者可以食肉矣。百畝之田，勿奪其時，數口之家，可以無饑矣。謹庠序之教，申之以孝悌之義，頒白者不負載於道路矣。七十者衣帛食肉，黎民不饑不寒，然而不王者，未之有也。」[107]

如何實現這種社會理想，孟子曾提出了「制民之產」的方案。他認為老百姓沒有固定的產業，就不能夠定居下來安心從事生產經營。百姓如沒有謀生能力，就會無所不為，危害社會的安寧。所以政府如果不給人民產業，使他們無法謀生，而等他們做了壞事，就以刑法來懲處他們，這是極不公平的。孟子說：

[107]《孟子・梁惠王章句上》第三章。

「無恆產而有恆心者，惟士為能。若民則無恆產，因無恆心；苟無恆心，放辟邪侈，無不為已。及陷於罪，然後從而刑之，是罔民也。焉有仁人在位，罔民而可為也。是故明君制民之產，必使仰足以事父母，俯足以畜妻子，樂歲終身飽，凶年免於死亡。然後驅而之善，則民之從之也輕。」[108]

至於如何「制民之產」，孟子認為過去在夏、商、周三代已經有相當好的制度，可資效法：

「夏后氏五十而貢，殷人七十而助，周人百畝而徹。其實，皆什一也。徹者，徹也。助者，藉也。龍子曰：治地莫善於助，莫不善於貢。……《詩》云：雨我公田，遂及我私。惟助為有公田。由此觀之，雖周亦助也。」[109]

---

[108] 《孟子・梁惠王章句上》第七章。

[109] 《孟子・滕文公章句上》第三章。

殷、周二代是否已經推行井田制度以代夏后之貢，姑且不論，但在戰國時代，由於私人買賣土地，過去的一些土地制度已被破壞，土地分配的界域也劃分不清了。如果要回復到過去的土地制度，就必須重新劃分土地。這就是孟子所說的「經界」。他說：

「夫仁政，必自經界始。經界不正，井地不均，穀祿不平。是故暴君汙吏，必慢其經界。經界既正，分田制祿，可坐而定也。」[110]

孟子理想的井田制度如下：

「請野九一而助，國中什一使自賦。卿以下，必有圭田，圭田五十畝，餘夫二十五畝。死徙無出鄉，鄉田同井。出入相友，守望相助，疾病相扶持，

[110] 同上。

則百姓親睦。方里而井，九百畝，其中為公田，八家皆私百畝，同養公田，公事畢，然後敢治私事，所以別野人也。此其大略也。」[111]

顯然，在孟子當時如要推行這種制度，必須要把已變賣的土地收回，重新分配。可是當時的土地所有者是否願意把土地歸公呢？而且當時的人口，比起三代之世，增加了許多，土地是否仍可以這樣分配呢？孟子似乎都沒有考慮到這些問題，他的仁政方案未免有些不著實際的地方。也許孟子已看到這些困難，所以沒有向齊、魏等大國提出他的井田計劃，而只是向一個小國——滕國——提出來。

總結來說，孟子的仁政思想雖然有它創新的理論基礎，可是孟子提出的具體方案卻未免太泥古了。我們討論孟子的仁政思想，應該把他的理想原則與實際方案分開來評價。

[111] 同上。

(五)孟子對同時代諸子的批評。

孟子竭力提倡儒學之際，正是諸子百家之學也很昌盛的時候。孟子對百家之學採取一種嚴厲批評的態度。他認為百家之學都是「邪說」「淫辭」，而且表現為「詖行」，因此都非正道。孟子心目中的正道是堯、舜、禹、湯、文、武的先王之道，也就是仁義之道。為了要發揚正道，以正人心，他表示願意效法孔子作《春秋》的精神去「息邪說，距詖行，放淫辭」。因此他駁斥諸子百家，不遺餘力，也不留餘地。

百家之中，以楊朱和墨翟的學說最為流行，因此也是孟子攻擊最烈的對象。他說：

「聖王不作，諸侯放恣，處士橫議，楊朱墨翟之言盈天下。天下之言不歸楊，則歸墨。楊氏為我，是無君也。墨氏兼愛，是無父也。無父無君，是禽獸也。……楊墨之道不息，孔子之道不著，是邪說誣民，充塞仁義也。」[112]

墨子的學說，在孟子之前即已形成。墨子認為「天下兼相愛則治，交相惡則亂！」[113]他的目的是要治天下，使「國與國不相攻，家與家不相亂，盜賊無有，君臣父子，皆能孝慈」。[114]這和孟子的王道仁政理想，目標原是很接近的。他要天下兼相愛，交相利，本無「無父」的含義，可是他的方法有問題。孟子批評墨子講兼愛為「無父」是有他的根據的。墨子解釋兼愛為「視人室若其室」，「視人身若其身」，「視人家若其家」，「視人國若其國」，[115]如果推廣這種兼愛的觀念，豈不是「視人父若其父」，「視人君若其君」了嗎？除去了「人父」

---

[112]《孟子・滕文公章句下》第九章。

[113]清、孫詒讓《墨子閒詁》，卷之四，〈兼愛上〉第十四章。

[114]同上。

[115]同上。

和「己父」之間的區別，則「己父」即喪失其為「父」的意義，父子這種倫理關係也就無從建立了。這是孟子批評墨子講兼愛為「無父」的理由。可見孟子對墨子的一般批評，並不是針對其「治天下」和「非攻」的目標，而是針對他的方法和手段。[116]孟子對墨者之徒宋牼的批評，也是就方法而言的。他說：

「先生之志則大矣，先生之號則不可。」[117]

是孟子並不反對宋牼去勸秦楚息兵。相反地，墨子主張非攻，孟子也非戰。他說過：「故善戰者服上刑」。[118]他所不滿於宋牼的，是他的「號」——他的方

---

[116]《孟子》中也有批評墨者的一些基本原則的。比如孟子批評墨者之薄其喪，墨者之愛無差等。見《孟子．滕文公章句上》第五章。

[117]《孟子．告子章句下》第四章。

[118]《孟子．離婁章句上》第十四章。

法。孟子認為宋牼不應以利說秦、楚之王而應說之以仁義。[119]在此篇中，孟子並說明方法上的不同，會導致不同的效果。

楊朱「為我」之說，除孟子外，甚少人論及。[120]據《孟子》所記載，其「為我」之說的內容為「拔一毛而利天下不為也」，[121]恰與墨子兼愛之說的「摩頂放踵，利天下為之」相反。楊朱的「為我」，最初的意思大概就是《淮南子》所說「全生保真，不以物累形」[122]的意思，但楊朱之徒可能把「全生保真」看成極端的「自利」，以致孟子時有「拔一毛而利天下不為」的解釋。照這個解釋，一個人連拔一毛而利天下都不肯，他自然不會為國家和社會服務，貢獻自己了。

---

[119] 可能墨子的「利」與孟子的「利」，涵義不同。在《論語》中〈子罕第九〉也用到「利」這個觀念，並不是和義相對的。

[120] 今《列子・楊朱篇》中，楊朱的思想似是一種注重物質生活的享樂主義。但此說並非楊朱所持，乃魏晉時代所偽託者。

[121] 《孟子・盡心章句上》第廿六章。

[122] 《淮南子・氾論訓》，卷十三（中華書局《諸子集成》第七冊）。

這是孟子批評「楊氏為我，是無君也」的理由之所在。因為「君臣」關係是孟子理想社會中的一種基本關係，故不能不對楊朱「無君」的思想加以攻擊。但孟子似乎認為楊朱的思想比墨子的思想容易糾正，換言之，比較接近儒家的思想；因為他說過：「逃墨必歸於楊，逃楊必歸於儒。」[123]

楊墨之外，孟子還批評了他同時代的農家許行和陳相。[124]許行的身世和學說不見載於《孟子》以外的書。其說主張君民並耕，以農事為重。孟子指出這種措施不切實際，蓋「百工之事固不可耕且為也」。[125]許行為了耕，不陶冶，不織布，就得靠陶冶者給其械器，靠織布者供其衣冠。可見整個社會的組織，一

---

[123] 《孟子・盡心章句下》第二十六章。

[124] 《呂氏春秋・愛類篇》：「神農之教」曰：「士有當年而不耕者，則天下或受其飢矣，女有當年而不績者，則天下或受其寒矣。」故「身親耕，妻親績，所以見致民利也」。與許行之說合。所以孟子稱之為：「有為神農之言者許行。」（引自中華書局《諸子集成》第六冊《呂氏春秋》卷二十一）。

[125] 《孟子・滕文公章句上》第四章。

定有分工合作的必要。這是孟子反對君民並耕的根據。孟子提出了「勞心」和「勞力」的分工。他認為「勞心者治人，勞力者治於人」。[126]勞心者有他們的任務，不必一定要和百姓一齊力耕，才算做了有益於民的事。古時的聖賢如堯、舜、禹、稷等屬於勞心者的一類，他們為民驅猛獸，治洪水，教民稼穡，建立人倫，為天下求賢才；雖不與民並耕，而做的卻是更重要的不可少的事情。如果要求君民並耕，誰會有時間來治理國事呢？孟子認為天下物情不一，人有智愚賢不肖，只有分工合作，賢人在位，壯者力田，才可以人盡其才，使國家歸於治理。因此他說：「今有璞玉於此，雖萬鎰，必使玉人雕琢之。至於治國家，則曰：姑舍女所學而從我，則何以異於教玉人雕琢玉哉。」[127]

孟子又曾批評同時代的陳仲子。據孟子說陳仲子是齊之世家，他大概是當時屬於「聖之清者也」之流的人物。他的「清」表現在「以兄之祿為不義之祿

[126] 同上。

[127] 《孟子・梁惠王章句下》第九章。

而不食也，以兄之室為不義之室而不居也。辟兄離母，處於於陵」。[128]孟子對他的批評主要是其「清」不能「充其類」——一方面指明陳仲子的行為不能完全一貫，一方面則指出陳仲子的做法有悖人情，只有蚯蚓才能做得到。陳仲子不食兄之祿，不居兄之室，可是他在於陵住的房子不一定就是清者所築，他所食之粟，也不一定就是清者所種。他的清，流於拘謹小節，如要嚴格地去實行，去「充其操」的話，人說不定就沒有可居之室，可食之粟了。這不是要變成蚯蚓才可以辦得到嗎？

最後，我們要提到的是孟子對告子的駁斥。告子主張生之謂性，性無善無不善，思想頗接近老莊。上文中已論及孟子如何站在性善論的立場來駁斥告子的說法。告子又主張「仁內義外」，也與孟子的仁義均發之本心的說法相衝突。告子認為義是對外在事物性質的一種承認，「彼長而我長之，非有長於我也。猶彼白而我白之，從其向於外也。故謂之外也。」[129]而孟子認為「義」是發之內

[128]《孟子・滕文公章句下》第十章。

心，相應外物的一種價值與情感態度，故謂之內。所以他說：「耆秦人之炙，無以異於耆吾炙。夫物則亦有然者也，然則耆炙亦有外與。」[130]孟子、告子兩人所指的「義」似乎不相同。[131]不但兩人所講的「義」不相同，兩人所講的「仁」也不一定相同。因為孟子認為「仁」乃發自本心的善，而告子既認為性無善無不善，他所謂的仁大概只是一些自然的喜愛而已。

參考書目

《史記》（商務印書館《萬有文庫薈要》，民國五十四年，臺灣）。

《漢書補注》（清、王先謙撰）（商務印書館《萬有文庫》，民國二十六年，上海）。

宋、朱熹《四書章句集注》（商務印書館，民國二十四年初版，民國二十五年五版，上海）。

清、焦循《孟子正義》（商務印書館《萬有文庫》，民國五十四年，臺北）。

---

[129]《孟子・告子章句上》第四章。

[130]同上。

[131]參看陳大齊，〈告子及其學說〉（《孟子研究集》，頁一四五—一八〇）。

清、戴震《孟子字義疏證》（《粵雅堂叢書》）。
漢、高誘注《淮南子》（中華書局《諸子集成》第七冊，一九五九年，上海）。
漢、高誘注《呂氏春秋》（中華書局《諸子集成》第六冊，一九五九年，上海）。
清、孫詒讓《墨子閒詁》（世界書局，民國五十一年，臺北）。
清、王先慎《韓非子集解》（中華書局《諸子集成》第五冊，一九五九年，上海）。
顧頡剛編著《古史辨》第二冊（景山印書館，民國十九年初版，民國二十一年再版，北平）。
顧頡剛編著《古史辨》第五冊（景山書社，民國二十四年初版，北平）。
羅根澤編著《古史辨》第四冊（北平書局，民國二十一年，北平）
羅根澤《孟子傳論》（商務印書館《萬有文庫薈要》，民國五十四年，臺灣）。
胡適《中國古代哲學史》（商務印書館，民國四十七年，臺灣）。
錢穆《先秦諸子繫年》（商務印書館《大學叢書》，民國二十四年，上海）。
H. Maspero, *La Chine Antique, Histoire du Monde*, Tome IV, edited by E. Cavaignac, Paris, 1927.
Fung Yu-lan, *A History of Chinese Philosophy*, Vol. I, translated by Derk Bodde, Princeton University Press, Princeton, New Jersey, 1953.
《孟子研究集》（中華叢書編審委員會，民國五十二年，臺灣）。

陳大齊《孟子性善說與荀子性惡說的比較研究》（中央文物供應社《中國文化叢書》，民國四十二年，臺北）。
成中英〈論孔子的正名思想〉（《出版月刊》，民國五十六年三月，臺北）。
蘇振申《史記仲尼弟子列傳疏證》（中國文化學院出版部，民國五十五年，臺北）。

論致中和與致良知

一、先秦儒家對心性的認識和說明

「心性」的觀念，始於先秦的儒家。自孔子以降，孟子、荀子、和《大學》、《中庸》兩書中對「心性」都有討論。在了解之外，他們引發了更深的一層問題，這些問題到了宋明理學家的手裡才得到進一步的解答，得到進一步的發揮。

孟子肯定「心」之本體為「善」而其來源為「天」。他認為「心」具有惻隱、羞惡、恭敬、辭讓，以及辨別是非的能力，是不學而能，不慮而知的。向善是一種潛在自然的本性，心中的善端可以自求，因之「心」是人的價值——仁、義、禮、智——的本源，是道德行為的基礎。❶透過對「心」本體性的自覺，表現於對價值的認識，一個人的人格修養就有了基礎，有了方向。孟子又說：「盡其心者知其性者也」，❷「知其性則知天矣」。❸「心」和「性」和「天」是連貫的，因此人格修養的進一步就是體悟「天人一體」、「萬物同源」的道理。自覺的認識和體悟，和本體的善性，兩者都是自然的，都是善的；所以稱這種自覺的「知」為「良知」。孟子說：「人之所不學而能者，其良能也。所不慮而知者，其良知也。孩提之童，無不知愛其親者，及其長也，無不知敬其兄也。」❹

❶心是本體的存在，因而作為價值的善及基本德性也是本體的存在。孟子肯定心之本性為善也就是肯定價值與道德具有形而上學的基礎，而為宇宙存在之一種必然。

❷《孟子．盡心上》。

❸同上。

《中庸》所以提出「天命之謂性，率性之謂道，修道之謂教」這個命題，是要把個體的生命本性和客觀的全體本性銜接起來。一方面，這命題顯出個體生命之形上的普遍和必然性；另一方面，同時顯示此普遍和必然性可以在個人生命和社會生命的完成與實現過程中得到完成與實現。《中庸》並於此肯定個體對這種代表全體性的本體的自覺，以謀求個體主動的完成。如此主體與客體能夠合一相銜，所謂「自誠明，謂之性；自明誠，謂之教。誠則明矣，明則誠矣。」❺

《中庸》又提到：心性除知性之外，還具備情意。《中庸》裡區別心性的兩個狀態：一是情意未發表之潛伏狀態，一是已發表之理想狀態。心性未發為情意者即為其本體，已發之情意則是本體發動的結果。心性的本體本來是圓滿自足的，具備和諧和至善，這種性質謂之「中」，所謂「喜怒哀樂之未發」者也。

❹同上。

❺《中庸》第二十一章。

已發之情意是否仍具有本體之至善，完全視其是否能契合本體之和諧和完善而定。心性本體如發之為情意而仍能維持原來本質上的和諧和完善，這種性質便謂之「和」，所謂「發而皆中節」者也。「中」和「和」因此是心性的兩端，「中」為「和」之所從出，「和」為「中」之創造與完成。顯然的，《中庸》裡的心性銜接著天命的本體，因此「中和」可以引申為天命的生機、創造、實現與完成，故稱「中」為「天下之大本」，「和」為「天下之達道」。「中和」從人性而及天性，從特殊以及普遍，其秉藏和實現的兩面：「守中之秉而達和之實」，極富宇宙論的意義。

知道了「中和」的普遍性和必然性，如果一個人能夠行其所知以達到中和的實際，並推廣之使成為所有人物的目的，就是所謂的「致中和」。如此則對個人來說，天地得其正位，萬物得其正處；對天地萬物全體來說，則每個人均得其正位，因而形成萬物融合於一己，一己完成於萬物的一個和諧兼創造的局面。這就是致中和後「天地位焉，萬物育焉」的局面。換言之，透過個人的「至誠」，盡己之性、盡人之性、以至盡物之性，乃能夠體受全體的和諧和創造，達到所謂「贊天地之化育、與天地參」的最高境界。

《大學》裡似乎對發而中節的「和」也有所暗示。這可以從《大學》裡對「誠意」、「正心」、「修身」、「齊家」的規定得一說明。「誠意」的規定是「毋自欺」，要讓本性的善以及對善的欲望自然的流露和直接的表現，由於有對善之愛好自然就會引發對惡的憎惡，因此「好好色」、「惡惡臭」都是心的本能，反躬而求，就可以觀察得到。「正心」就是在情意自然流露的當兒，把握住心意，使它表現出來不偏不倚，不致讓外延的物象影響了本體的至善至誠。《大學》在「正心」與「修身」的要旨上，點出了情意可能的偏倚。所謂偏倚就是不能維持心性原始的誠直和知性，陷溺於外延的物象，以致為某種特殊的情緒以及該種情緒所牽涉的對象所役使，不能自持。書中「有所忿懥」、「有所恐懼」、「有所好樂」、「有所憂患」、「人之其所親愛而辟焉，之其所賤惡而辟焉，之其所畏敬而辟焉，之其所哀矜而辟焉，之其所敖惰而辟焉」，每句裡頭的「有所」或

「所」字表示對物象或情緒之駕御，在意義上是特別吃緊的。「正心」除了指情意的不偏倚，也指知性的不偏倚。《大學》裡提到「好而知其惡、惡而知其美者、天下鮮矣」。「正心」非但要求達到情意發而中節的「和」，也要求知性的「和」，使本體之至善至誠，不受外延事物的蒙蔽。

至於心性的本體如何直接或間接地影響或變化現實人生和社會，此一問題我們可質之於《大學》。現在我們把這問題分為兩端。其一是：心性怎麼樣會自覺到它與天地萬物為一體的關係呢？也就是說，心性怎麼樣會自覺到它的本體已經蘊含著至善的原理呢？《大學》只是要求「格物致知」和「誠意正心」，使本體的心性由誠而明。至於「格致」和「誠正」的方法和步驟，《大學》裡沒有論述。這問題的另一端是：怎麼樣才可以把自覺的心性貫注到現實人生和社會，使至善能夠具體的實現呢？《大學》僅就「正心、修身、齊家、治國、平天下」的連鎖序列作形式上的肯定，並沒有進一層作詳盡的規定和闡明。此雖為先秦儒家開闢的問題，但沒有在先秦儒家對心性的說明中得到解答。

至於荀子在〈解蔽篇〉中提到：「心知道然後可道」，肯定心為「形之君」及「神明之主」而能「自禁」、「自使」、「自奪」、「自取」、「自行」、「自止」。說明心之主體具有主動性和約束性，是「虛壹而靜」的「大清明」，有極大的影響力。可是，這還不能夠算是回答了上面的問題。

總之，先秦儒家在《孟子》、《大學》、《中庸》裡頭，對心性的說明有下列數項：

一、心性本體中蘊含至善，這至善的來源為「天」。心性本體中秉藏著至善的靜止狀態謂之「中」。

二、心性本體具有普遍性和必然性，和天地萬物的本體相銜接。

三、心性本體發動為知性及情意，其理想狀態為「和」。

四、「中」和「和」是心性本體的兩個狀態，「中」是未發的，「和」是已發的。

五、心性有自覺能力，能夠自然知道其本體之至善，並知其為一切意念行為之本。

六、心性對至善的自覺可以引發行動，擴而充之，可以參贊天地的化育。此謂之「致中和」。先秦儒家對心性的說明，也引發了若干未得完滿解答的問題。我們可歸納為下列三大點：

一、「中」和「和」既為心性的兩面，「中」和「和」之間究竟關係如何？「中」和「和」是否為可分的？抑為連續的？未發之「中」是可以體驗的嗎？

二、我們怎樣可以自覺到心性本體的至善呢？心性自覺的功能如何引發對善惡的知識和對價值的判定呢？善與惡的認識究係何指？

三、心性的本體怎樣和萬物的本體相銜接呢？怎麼樣才可以把自覺到的本體之至善具體地實現在人生和社會上，成就具體的價值（善）呢？

第一個問題是對「中」「和」兩者之間的關係作進一步的探討。第二個問題是求未發之「中」，靜中之「理」，是「致良知」的問題。第三個問題牽涉到本體和客體之間的關係，是「致中和」的問題。最後我們還要問：「致良知」與「致中和」的關係如何？先秦的儒家並沒有給我們詳盡的解答；這些問題一直到宋明理學家手裡，才得到充分的發揮。

二、宋明理學對心性問題之解答和發揮

宋明理學家中的程朱及王陽明對上列各項問題都有相當深入的了解。我們暫且不管他們是否能圓滿地回答這些問題，但宋明理學家的解答非常有用，它使我們看出心性本體相關的各面，比先秦儒家的了解要更進一層。

這裡值得一提的是：對宋明理學通常有一個誤解，那就是以為王陽明是絕對主觀的唯心論者，以為程朱派的理學和陸王派的心學互相敵對，格格不入。事實上，儒家的本身和他們討論的心性，同樣具有連續性和一貫性。心性中「中」和「和」兩個不同的狀態，事實上是心性本體的一物兩面；我們也可以說，程朱和陸王的學說在基本上是一致的，雖然著重點不同，但在理論和原則上卻都有相通之處。

以下我們就二程朱子與王陽明的思想來尋找上述數項問題的答案，並作理論上的演繹和觀念上的綜合。茲分兩節來說明：

(一)「中」和「和」在本體上的相連

朱子在《四書集註》裡對「中、和」的解釋是：「喜怒哀樂情也，其未發則性也，無所偏倚故謂之中。發而皆中節情之正也，無所乖戾故謂之和。」❻至於「中、和」為天下之大本及達道，朱子解釋說，「大本」是天命之性，為天下之理之所出，故為「道之體」；「達道」乃是循性，為天下古今所共由，故為「道之用」。總言之，「中和」是性情不離道的表現，故為性情之德。「中」「和」同為性之本體，因而貫通一致，猶道之「體、用」，是不可分的。朱子說：「蓋心主乎一身而無語默之間」，❼就是說「靜」與「動」是貫通的，「中」

❻朱子《四書集註》，《中庸》第一章「喜怒哀樂之未發，謂之中；發而皆中節，謂之和。中也者，天下之大本也；和也者，天下之達道也。」句解。

❼《朱文公文集》，第三十二卷，書，問答。〈答張欽夫書〉之第十八書。

和「和」也是貫通的。

據清王懋竑《朱子年譜》所載，朱子於四十八歲時曾與人書云：「熹於《語》《孟》《大學》《中庸》，一生用功，粗有成說，然近日讀之，一二大節目處，猶有謬誤，不住修削。」❽朱子不但於四書用功，對小程子關於心性的討論，也有深刻的認識。顯然的，現行的《四書集註》是朱子「不住修削」、「苦參中和」的成果。朱子在四十歲時的一段「苦參中和」的經過，在他說是非常重要的。由於對小程子若干看法不滿，朱子自行苦參，才達到《四書集註》中精簡有力的意見。我們必須從這個苦參的過程中去了解、體驗、和把握住「中」「和」兩詞在形上學和實際經驗裡的地位。

朱子所苦參的「中」「和」問題，事實上小程子已和他門人討論過。《近思錄》中載有蘇季明問伊川先生：「喜怒哀樂未發之前，求中可否?」伊川以為不可。他說：「既思於喜怒哀樂未發之前求之，又卻是思也。既思即是已發。

❽王懋竑《朱子年譜》（世界書局版），頁六五。

纔發便謂之和，不可謂之中也。」❾換言之，「思」和「求」都是著形迹的活動，「求中」一詞，在本質上是矛盾的。伊川在「中」「和」之間引進「存養」，他說：「若言存養於喜怒哀樂未發之前則可，若言求中於喜怒哀樂未發之前則不可。」他又說：「於喜怒哀樂未發之前，更怎生求？只平日涵養便是，涵養久則喜怒哀樂，發自中節。」❿在心體未發前存養情意之正，發時則莫不中節。如此可於已發之際默識未發前之氣象。這種功夫就是涵養持敬。

當「中」之時，心既未發，是否如釋氏所說流入「虛寂」呢？蘇季明曾提出意見：以為心靜時不可謂之無物，因其自有知覺處。伊川立即指出他在觀念上的錯誤：「既有知覺，卻是動也，怎生言靜？」因為一旦發動了知性，心性的狀態便已從「中」轉入「和」了。那麼，伊川自己的答案是什麼呢？未發之心性如不流入虛寂，那麼此時心中之物為何呢？伊川說：「靜後見萬物」；又

❾《近思錄集解》（世界書局版），頁一五二—一五三。
❿同上，頁一五三。

說：當中之時，「雖耳無聞，目無見，然見聞之理在始得。」⓫靜中已含動之理，心中具備眾理，故而不是虛空的。

至於如何去體驗靜中之「理」，如何求未發之「中」，伊川認為可「於動上求靜」，可以在「和」的表現裡求「中」。因此，如要體會具備眾理之心性，我們必須在已發之心體的流行日用上下功夫。介乎「中」「和」之間的「存養」，可視為於動求靜、從和求中的一種努力，離開日用事物則不可成。小程子認為：欲求性體之「中」，當不斷在已發動的流行日用上「存養」，而存養的要訣是要先「理會得敬」、專一而誠。平日專一主敬，就會漸漸的體會心中的眾理，接近「中」的了解。欲求性體之「中」，如果捨去日用現成事物而向「中」處求「中」、「靜」上求「靜」，那是不可能的。

四十歲以前的朱子於「中」、「和」相連一貫的關係，以及程子所說的「不可求中」尚無體會。及四十歲時苦參中和，就程子之言反覆商榷，始獲豁然貫

⓫同上，頁一五四。

通，了解靜中已含動之理，心體之「中」早已包含心體發動後之「和」。心之為心，具備眾理；有其理即有其理之用，理之「用」就是理的實現和流行。從朱子苦參中和的經驗不但可以看到朱子思想發展的真相，同時也反映了宋明理學對本體、人性、知識各方面的認識，可以在「中和」的道理中連貫起來。由此可見，本體論、人性論、知識論不但相關，而且實際上是統一的。

宋明理學中本體論的一個要旨是，生命流行之契機，在於天地間陰陽相互的化生。陰陽是天地宇宙本體所含之道之「用」，其作用相反相成，因此化生萬物，變化無窮。動不執著於一物而有靜，靜不滅滅萬象之流行故有動。動是感應，靜是無限；靜是完全，動是完全的體覺。動靜原為一理，故伊川曰：「動靜無端，陰陽無始」。⑫動靜相連一貫之理，也表現在周濂溪對「無極而太極」的認識上面。這道理引申到心性方面，肯定動靜一貫，中和亦是一貫。於心之流行可見心之本體，於已發之情可見未發之性。心體中含有日用流行之理，

⑫同上，頁一〇。

「中」的狀態已蘊含著「和」的潛能。

可是，小程子不是說過：「人生而靜，以上不容說，才說時便不是性矣。」⑬這話嗎？如此，思慮未發、事物未至、寂然不動、無過不及的「中」，是可以了解和談論的嗎？朱子覺得「中」為性之體，若談論它，則已是性體之流行，不可謂之性體，蓋「未發之前，不可尋覓，已發之後，不容安排。」如此，「求中」一詞，果真是自相矛盾的嗎？朱子的結論是：人心自幼至老死莫非已發，而無所謂未發之中。即使是赤子之心，也是心之已發了。要解決對「中」之了解的問題，必須強調中和貫通之理；如果建立了這貫通之理，則只須在已發之性體上求，即可體驗未發之「中」。當然，如此求「中」，亦即是求「和」。因之，朱子又回到了程子所說的平日涵養持敬的功夫，主張在心體未發之前存養情意之正，使發時莫不中節。並在已發之際默識未發前的氣象，接近對「中」的了解。故在〈答張欽夫書〉中云：

⑬同上，頁一四。

「然方其靜也，事物未至，思慮未萌，而一性渾然，道義全具，其所謂中，是乃心之所以為體，而寂然不動者也。及其動也，事物交至，思慮萌焉，則七情迭用，各有攸主，其所謂和，是乃心之所以為用，感而遂通者也。然性之靜也，而不能不動，情之動也，而必有節焉，是則心之所以寂然感通，周流貫徹，而體用未始相離者也。」[14]

朱子強調「心主乎一身而無動靜語默之間」。由此而涉及存養的問題。他說：「未發之前是敬也，固已立乎存養之實，已發之際，是敬也，又常行於省察之間。方其存也，思慮未萌，而知覺不昧，是則靜中之動，復之所以見天地之心也。及其察也，事物紛糾，而品節不差，是則動中之靜，艮之所以不獲其身，不見其人也。有以主乎靜中之動，是以寂而未嘗不感；有以察乎動中之靜，是以感而未嘗不寂。寂而常感，感而常寂；此心之所以周流貫徹，而無一息之

[14] 同註[7]。

不仁也。」⑮這段話肯定動靜相容，而反對張欽夫的「必待發而後察，察而後存」這個說法。在本體上，朱子肯定動不能無靜，靜不能無動，動靜互為其根，在靜之中有動之端，在動之中有靜之體，由此可見天地之心。在心性上，朱子肯定已發未發原為一體，透過涵養以敬的功夫，把這種一體性顯示出來。朱子並揭出程子對「涵養」和「中」之間的關係的一種暗示，他說：「未發只是涵養，變則方有可觀。」⑯他認為涵養以敬的功用有二：一是存善無失，一是主宰專一。這也就是慎獨而後致中和的原理。

總言之，心性中和之貫通亦即道體動靜之貫通，而貫通之道在於「涵養以敬」。由涵養以敬可啟心性之「和」，亦可於「和」中體知心性之「中」，更體知心性之為天命之性。由此見出心性之正亦為天然，由中而和，由和返中，更為必然。至此因中和的含義而產生的認知問題、本體問題與其他相連問題均獲得

⑮同註⑦。
⑯同註⑦。

一根本的解決。然可惜朱子本人未盡見其理論效果，以致未能融匯陸象山所啟發的「心即理」的思路。

(二)良知為心對本身至善的自覺

良知為王陽明學說中的基本問題。陽明特別指出心性之本體與其流行是有意識的，是具有主動性的。

《傳習錄．中》王陽明對於心的未發和已發的問題十分注重，顯示這實在是有宋以來本體論與人性論中一個最受關注的大問題。王陽明最大的貢獻在堅定而明確的指出：心的本體不但有其完全自足性，因而是至善；而且能自覺其至善與完全自足。就這方面說，心即是良知。良知即心之本體與本體自覺之本體性。良知既為本體，必與中和有不可分的關係。換言之，良知必可用來說明中和，中和亦可用來說明良知。在〈又答陸原靜書〉中，針對陸原靜重提有關未發已發之為靜動及其關係的問題，王陽明作了如下的肯定：「未發之中，即良知也，無前後內外，而渾然一體者也。有事無事，可以言動靜，而良知無分

於有事無事也。寂然感通，可以言動靜，而良知無分於寂然感通也。動靜者，所遇之時；心之本體，固無分於動靜也。」⓱

良知既是有事，亦是無事；既是寂然，又復感通；當其有事，則可以言感通及動；當其無事，則只可以言寂然與靜。然則良知是「動而無動，靜而無靜」的渾然一體，故不可分動靜，此乃緣動靜相因相含之故。王陽明更進一步討論未發和已發間的相容，他說：

「未發在已發之中，而已發之中，未嘗別有未發者在。已發在未發之中，而未發之中，未嘗別有已發者存。是未嘗無動靜，而不可以動靜分也。」⓲

故曰：

「未扣（鐘）時，原是驚天動地；既扣時，也只是寂天寞地。」⓳

⓱《陽明全書》（正中書局版），第一冊，頁五二（《傳習錄・中》）。

⓲同上，頁五三（《傳習錄・中》）。

王陽明更就周子的靜極而動立說：「太極生生之理，妙用無息，而常體不易。太極之生生即陰陽之生生。就其生生之中，指其妙用無息者，而謂之動，謂之陽之生，非謂動而後生陽也。就其生生之中，指其常體不易者，而謂之靜，謂之陰之生，非謂靜而後生陰也。」[20]

就上看來，王陽明同意朱子「苦參中和」所獲得的對「動靜無端，陰陽無始」的認識。這種認識可以解釋中和的一體二用。王陽明似乎視此為神秘的知識，只可「默而識之，非可以言語窮也」。[21]

若僅就良知立意，王陽明很明顯的指出下面五點：

1. 良知為本體，故稱為易、為道、為天、為誠。以其妙用言，可謂之神。以其流行言，可謂之氣。可包含宇宙天地的一切精華。故陽明稱其「變

[19]同上，頁九六（《傳習錄・下》）。
[20]同上，頁五三（《傳習錄・中》）。
[21]同上，頁五三（《傳習錄・中》）。

動不居，周流太虛，上下無常，剛柔相易」。

2. 良知既為未發之中而亦為發而中節之和，則良知乃是現實的，是可體驗的對象。因此陽明確定良知不滯於喜怒憂懼，而喜怒憂懼亦不外於良知。有人問王陽明：「良知原是中和的，如何卻有過不及？」王答曰：「知得過不及處就是中和。」[22]良知即中和，中和即良知。

3. 良知既是本體，為人人所同具者。不惟如是，亦是天下萬物所同具者。此點可自下文看出：「朱本思問：『人有虛靈，方有良知；若草木瓦石之類，亦有此良知否？』先生曰：『人的良知，就是草木瓦石的良知，若草木瓦石無人的良知，不可以為草木瓦石矣。豈惟草木瓦石為然，天地無人的良知，亦不可為天地矣』。」[23]

4. 良知在人就是心的至善。故一切基本德性如仁民愛物都源出於良知。陽

---

[22] 同上，頁九五（《傳習錄・下》）。

[23] 同上，頁八九－九〇（《傳習錄・下》）。

明論義禮智信的發生說：「《大學》所謂厚薄，是良知上自然的條理，不可踰越，此便謂之義；順這個條理，便謂之禮；知此條理，便謂之智；始終這個條理，便謂之信。」[24]如此看來，良知亦為已發之和。良知在人為心，為人性之主宰，故其在人為已發動之和。德性之善可視為這個已發之和的展開。但此和亦不離原始之中，亦即不離其客體性。故所有德性均有其本體存在的一部分，而非主觀決定的。如此說來，陽明一方面肯定人性至善，一方面又說「性之本體，原是無善無惡的」，並無矛盾之成分。他的真正意義是：良知為至善，可是本體之至善並不決定或保證主觀實現時一定完成善。換言之，本體發動之時，可能失去本體之中而有所偏倚，因此可以為善，亦可以為不善。對於這種可能性而言，本體可視為無善無惡。對於本體之中和統一性言，亦即對於本體的內在由中發而為和的必然性言，本體必能發動並維持其原始之「中」，其

[24] 同上，頁九〇（《傳習錄・下》）。

為至善當無疑問。

5. 由上項，即可指出陽明思想中一大要點：本體之中，在流行時既有偏倚的可能，人當持其本性良知之中，於其發用時不使流於偏倚。此點之假設有四：一、良知在人為已發之狀態，二、良知初發時即入「和」之狀態，三、但已發之良知，其流行亦可能陷於偏倚，四、「良知亦自會覺」，就是說，良知自然有辨別善惡之能力，能自覺其流行之為合中或偏倚，並有潛力使偏倚者復歸於中節。

第一第二點假設，我們已於上文裡說明。即使赤子之心，亦是已發；心性既有知覺，既有思念，既有良知，就算是已發的狀態了。第四點假設是致良知和致中和的問題，我們留在下節中討論。至於第三點假設，引發了下面的疑問：何以已發之良知，其流行可能陷於偏倚？陽明依照一般說法，以為人有習心及私念，可以蒙蔽良知。所謂習心及私念可說是「七情有著」所致。陽明視喜怒哀懼愛惡欲七情的自然流露為良知之用。如果良知之用有過或不及，即為「有著」。有著時七情「但成良知之蔽，而不能使心用中節」。過或不及，都是不能符合標準，如忿懥太過，矜持太多等，都不是情的自然流露，因此而不完全與有所偏差。此種不完全與偏差，就是「不善」，故曰：「善惡皆天理，謂之惡者，本非惡，但於本性上過與不及之間耳。」我們可以進一步說，惡是消極的，私念和習心都是由於情的偏差所產生，「不善」是由善的不能完全實現和完成所引起的。

這裡我們還有一點必須說明的，就是王陽明的說法有時似乎表現了極端的唯心主義的色彩。比方說，《傳習錄・下》中有如下的一段記載：

「先生遊南鎮，一友指巖中花樹問曰：『天下無心外之物，如此花樹，在深山中自開自落，於我心亦何相關？』先生曰：『你未看此花時，此花與汝心同歸於寂；你來看此花時，則此花顏色一時明白起來：便知此花不在你的心外』。」[25]

因為這段話的唯心主義色彩非常濃厚，陽明因之被誤會為英國柏克萊哲學的同流。但如扣緊良知的了解，可知陽明不是絕對的唯心論者。良知本體未發的一面原是「不聞不問，寂然不動」的易，這也可以說是良知的客體性。此客體性說明實際萬物的流轉與存在，更進一層說明萬物之所以為我（人）所知之萬物。事實上，陽明哲學裡也有客體和主體，理想和實際，不可遽然斷為主觀一元論 (subjective monism) 或獨我唯心論 (solipsistic idealism) 也。

三、致中和與致良知的分析

前言「中」「和」為本體不可分之兩面，亦為人的心性自其本然之善以達於現實具體的善的過程。但如何才能獲致中和呢？這個問題實際上可析為二：第一為如何可以自「中」以致於「和」？第二為如何自「和」以體其「中」？顯然我們不必問如何保持原始之「中」。原因在「中」既然為本體之未發狀態，是

㉕同上，頁九〇（《傳習錄・下》）。

為生命之潛能，亦是全體生命與生俱來的本然。這個原始的本然乃是沖漠無痕「不可尋覓」的。我們已見程子指出離開心體體認活動尋求本體之「中」是不可能的，其理由在：㈠此種追求必陷入釋氏的靜寂，而化除了生命流行的現實。㈡原始之「中」原不可知，知其為「中」，已陷入「和」的境界了。現就所提兩個問題分別討論：

先談第一個問題。自「中」以底於「和」原為自然的過程，此為未發化生已發，代表本體的自然轉動。從心性的體驗來說，這種轉化是直接的，可以即時把握的。心之自未發以底於已發，其所自然存取的為善，其所自然排拒的為惡，即是周子所說「幾善惡」的意思。但此至善在心之流露是即時的，當下即可把握的經驗。是否一個人在其體驗中能夠把握這當下即成的至善，是否一個人對發動之心能夠體驗其發動，程子及朱子皆認為要靠涵養的功夫。對於涵養的解釋，明道以為「敬以直內，是涵養意」。[26]所謂「敬」乃是把握自己心性自

---

[26]《近思錄集解》，頁一三三。

然之純，是一種自約，一種自知 (self-discipline and self-knowledge)，同時也是心之對事物行為自然動向不放鬆的體察 (attentive scrutiny)，伊川曰：「所謂敬者，主一之謂敬，所謂一者，無適之謂一。且欲涵泳主一之義，不一則二三矣。至於不敢欺，不敢慢，尚不愧於屋漏，皆是敬之事也」[27]。「主一無適」，是對自然流露的心的主體性的自覺不放失，也可以視為周子所謂之「誠」。「敬」是對本體之統一及主宰性的把握，明道說為「涵養主一」[28]。敬即主，即一，故明道分別「敬以直內」與「以敬直內」，因言「若以敬直內，則便不直矣」。[29]但這「敬」作為一種態度乃不是「中」本身。明道以為「中」乃「敬而無失」，[30]是敬的保持以及成就。故伊川以為誠及善乃自生，原始經驗的敬乃自體

[27]同上，頁一五〇。
[28]同上，頁一四五。
[29]同上，頁一四五。
[30]同上，頁一三七。

之把握，故曰：「敬只是主一也，主一則既不之東，又不之西，如是則只是中。既不之此，又不之彼，如此則只是內，存此則自然天理明，學者須是持敬以直內，涵養以義，直內是本」。[31]程子並認為這就是「循理」，為天理之發露。「持敬」是讓本體的天理顯露出來，讓心性之本體流動而自然契合於天地之本體，亦即客觀的理性。故有曰：

> 「今容貌必端，言語必正者，非是道獨善其身，要人道如何，只是天理合如此，本無私意，只是個循理而已。」[32]

顯然此持敬的涵養不等於客觀的理解事物之理，後者乃致知。致知之道在進學。程朱哲學對「進學在致知，涵養在持敬」這兩面所牽涉的關係並未作仔

[31] 同上，頁一四七。
[32] 同上，頁一三六。

細的說明，後人也未面對此問題加以分析。伊川有一句話，似乎點出致知與持敬的關係：「入道莫如敬，未有能致知而不在敬者」。[33]從這個觀點，持敬所以保持原始中的發動，同時也是致知於理的起點。我們是不是可以問：自「中」以底於「和」是否可視為對理的認識與把握呢？這點也許是程朱對自「中」底「和」過程最清楚的說法。依此說法，程朱強調格物窮理的道理，自然也很明白了。至於朱子有時忘記扣緊敬之基本性而受到陸九淵以及王陽明的批評，也可於此得一了解。

由持敬所涵養的心性主體是原始的善，乃是一種與宇宙配合的生活及生命狀態。這種配合小可獲致一己之和諧，大可達到宇宙全體之和諧，此即所謂「致中和、天地位焉，萬物育焉」，此即所謂與天地參。伊川謂：

「聖人修己以敬，以安百姓，篤恭而天下平。惟上下一於恭敬，則天地自

[33] 同上，頁一四〇。

位，萬物自育，氣無不和」[34]。

明道說：「天地設位，而易行乎其中，只是敬也。敬則無間斷。」[35]

這也就是仁的實現，因為仁乃內發的自覺，以及對天地自我合一的體驗。由敬致中，此和自非虛靜。由永持之和以底達的中以及永持之敬的涵養以獲致的中，也不是虛靜。而是如上所說，透過動對於靜之潛能的把持。這是對第二個問題的回答。

朱子認為涵養以進於中和（即以進於和並了解和所發自的中），必須自灑掃應對進退作起，亦即自日用平常的生活作起，在日用平常中省察本體之善，而對本體之中有所把握。從這個角度看，敬及涵養是本體心知之發露，是發動的心的自覺自持，故朱子謂之「敬字通貫動靜，但未發時則仍然是敬之體，非是

[34] 同上，頁一四二。
[35] 同上，頁一四四。

知其未發，方下敬底功夫也。既發則隨時省察，而敬之用行焉。然非其體素立，則省察之功，亦無自而施也」。[36]故由此結論：有敬必有義，所謂「敬立義行，無道而非天理之正矣」。如此則敬之存在即是已發，即是和；對敬之解釋即是中，即是引和之中，而敬則為含中之和。並自此可得另一結論：即不義或不正或惡乃已發時的狀態，是與物相應的。（對於惡的解釋見後：惡為陷於外象，或陷於一偏，忽視心性之主宰性，或心知之全體大用，即是私念，即偏倚，即不得謂之中亦不得謂之和。惡之存在的可能乃在無限自由的可能，本體發動原為無限自由，而此自由又非任性，故對本體之自由之限制乃惡也，惡乃一偏一相之限制。）

伊川說：「（主敬乃）心通乎道，然後能辨是非」[37]。主敬及守敬以了解中，但中流入虛寂則化為靜篤。因此伊川強調「進學致知」的重要，「進學致

[36] 王懋竑《朱子年譜》（世界書局版），頁四一（〈答林擇之書〉）。

[37] 《近思錄集解》，頁八九。

知」一定要在實際事物去磨鍊。事物各具客觀的理，為「理一分殊」的客觀實現。伊川曰：

「凡一物上有一理，須是窮致其理。窮理亦多端，或讀書講明義理，或論古今人物，別其是非，或應接事物而處其當，皆窮理也。」[38]

朱子曰：

「日用之間，隨時隨處，提撕此心，勿令放逸，而於時中，隨時觀理，講求思索。」[39]

[38] 同上，頁九四。

[39]《續近思錄》（世界書局版），頁六四。

以上說的就是格物。格物乃在經驗中去求理解或推究事物之理，以求貫通，也就是「以類而推」㊵求得全體之理。依此原則，則讀書不致泥於文義。伊川曰：「知至至之，致知也。求知所至而後至之，知之在先，故可與幾，所謂始條理者，知之事也。知終終之，力行也。知所終則力進而終之，守之在後，故可與存義。所謂終條理者，聖之事也。此學之始終也。」㊶

明道指出格物致知的目的是在「集義」，亦即成就客觀的實際的善行，使用敬之心不流於空疏。故明道說：

「敬是涵養一事，必有事焉，須用集義，只知用敬，不知集義，卻是都無事也」㊷。

㊵《近思錄集解》，頁九七。
㊶同上，頁三九。
㊷同上，頁六二。

沒有「集義」，用敬流於「無事」，即是「空疏」。伊川亦同意此點：

「敬只是持己之道，義便知有是有非。順是而行，是為義也。若只守一個敬，不知集義，卻是都無事也」[43]。

伊川並舉行孝為例。這說明格物致知乃以「集義」為主體，所求之知應為德性之知，是有關本體之善在實際之用。但這點是否伊川與朱子能一致把握住，乃是問題。也許陸王對程朱的批評，說他們流於支離外務，乃不是偶然的。至少在朱子，他對居敬窮理之不可偏廢曾加以肯定，對二者孰重卻未必常能把握。尤其未曾探索在讀書窮理上是否用得上或獲助於涵養的居敬。自然無可懷疑的是朱子論為學及致知之道，是都以敬為基礎的。朱子說：「讀書是格物一事」[44]。又說：「致知者，誠意之本也；慎獨者，誠意之助也」[45]。此即以敬

[43]同上，頁六三。

為出發點，以敬為歸依，如此則不能為自然知識之基礎了。敬因此是道德的善，是實現的目標。如此來解釋格致，則格致亦為對善的探求，亦即對事理及心性的善的探求，而絕對不在於客觀世界的知識了。故格物必引起誠意的行，朱子說：「格物者，知之始也。誠意者，行之始也」[46]。

總結的說，致中和是一種功夫，是要本著心性自發之敬以涵養於行，則行無不是和，亦無不是本體的顯露。但為使本體之中不流於虛寂，故格致之學十分重要。為求學說的一致，格致乃主敬之手段或是於敬之上探究至善之理。但是否因此流於支離決裂，則是一個事實上的問題了。

王陽明在〈朱子晚年定論〉一文提示朱子中年學有未成，放心於文字，不知在一己的良知上涵養，致陷於支離，晚年則痛悟前非。這是說明致中和絕對

[44]《續近思錄》，頁七一。
[45]同上，頁七〇。
[46]同上，頁六八。

不可求之於朱子實際能做的格致。致中和據王陽明看必根本歸到致良知的問題，致良知可分為二層來說：一是本然所發的致，致良知是良知的獲得，故即是良知。另一是自己發之良知的自覺，以求良知永久的在行為上之實現和保持，這是把致良知的「致」當作一個過程，一種功夫。現在就要問陽明如何說明這種功夫：

《大學問》所指「明德」乃一體之仁，亦即良知，乃自然靈昭不昧，人所同具者。如何能夠保存天地一體之仁，或恢復它，是致良知的功夫。故我們問陽明如何解釋「致良知」之致，可先自他對《大學》「明明德」的所在點的說明看。《大學》說「明明德」在親民，是直接在父子的關係中去實現父子關係的至善，這種實現是發自內而顯諸外的，是從內去實現這種關係，然後把這關係的普遍性也使之實現，也就是親吾之父以及人之父，以及天下人之父了。其他倫常的關係也是如此。莫不是在具體的情事與人生上去實現善，去創造善，由善的源頭來之於己的明德與良知，有天地之大而用之不盡，取之不竭的。所謂明明德乃是於良知在事物人倫上無不盡其用，是創造性的實現，是主體價值的客觀化與對象化。進而言之，《大學》所說的家齊國治以及天下平的功夫，《孟子》《中庸》所說的盡性知命的功夫，無不是明德之明，良知之致。到其至極，明德的本體之全善本善莫不完全實現於客觀世界，這個客觀世界乃人本心創造出來的價值世界。其根源乃恆通主客發用的心，即良知。心未發時已具全然之至善與世恆通；已發之後，必貫徹無遺，以見其無盡之價值。故自此意義說，明明德與親民為一事。良知即至善，致良知即實現（止於）至善。至善之發現，本是而是，非而非，變動之中，莫不有中。但有二件事可使其受蔽而不得完全實現，一是陷於偏執、私念、私智，阻其自然發行；二是不著於實際的事物。

對於第一點，陽明的看法是：宋儒程朱之學，以事事物物各有定理，而要人放心外求，必至喪失心之主宰性，陷入支離決裂。這是陽明對於即物窮理的解釋。

對於第二點，陽明的看法是：離事物以言至善，則失之虛妄空寂，不得見諸時務措施，乃二氏之流弊。至於先存功利權謀之欲，本心已失，更不足論矣。

對於致良知作為實現至善的動源這一點，我們還要進一層問兩個問題。良知在主體上如何發動存持？亦即如何致良知之發用？良知如何鋪陳客觀事物以見其用？我覺得陽明對第一問題說得較多，對第二問題說得較少。

對第一問題，陽明首先提出致知即致良知，格物即就意之所發所在（事）而正之的活動。《大學問》中問：欲修其身以至於致知格物，其功夫次第如何用力？陽明的解釋是有啟發性的：

「蓋身心意知物者，是其工夫所用之條理，雖亦各有其所，而其實只是一物。格致誠正修者，是其條理所用之工夫。雖亦皆有其名，而其實只是一事。何謂身？心之形體運用之謂也。何謂心？身之靈明主宰之謂也。何謂修身？為善而去惡之謂也。吾身自能為善而去惡乎？必其靈明主宰者欲為善而去惡，然後其形體運用者始能為善而去惡也。故欲修其身者，必在於先正其心也。然心之本體則性也。性無不善，則心之本體本無不正也。何從而用其正之之功乎？蓋心之本體本無不正，自其意念發動，而後有不正，故欲正其心者，必就其意念之所發而正之。」[47]

陽明接著就指出善惡之標準在吾心。但此「吾心」乃本體之良知，已對至善有絕對的把握，故能知意之所發之善或惡。致知乃是對善惡的自覺，包含對良知之至善的自覺，故名為「知至」。善之自覺既為對善的知識 (knowledge of good)，則致良知不為求外世知識，也就很明白了。「凡意念之發，吾心之良知無有不自知者，其善歟，唯吾心之良知自知之；其不善歟，亦唯吾心之良知自知之」[48]。——誠意則是自知的功夫了。

至於致知既為善之自覺，不可陷於影響恍惚懸空無實，乃是已發之和，故

---

[47]《陽明全書》，第一冊，頁一二二。

[48]同上，頁一二二（《大學問》）。

必有中節之節的意思。由此可以點明格物致知的另一面，而不必如程朱所說的為其先決條件：

「物者，事也。凡意之所發，必有其事，意所在之事謂之物。格者，正也，正其不正，以歸於正之謂也。正其不正者，去惡之謂也。歸於正者，為善之謂也。夫是之謂格。」[49]

「物」解釋為「事」乃是特殊之物，乃心所觀照之物，亦即不可離至善之本體之物。這是很重要的一點。至於致知不離格物，格物不離致知，實為一體之兩面。這點我覺得陽明說得很清楚：

「良知所知之善，雖誠欲好之矣，苟不即其意之所在之物而實有以為之，

[49] 同上，頁一二二一（《大學問》）。

則是物有未格，而好之之意猶為未誠也。良知所知之惡，雖誠欲惡之矣，苟不即其意之所在之物而實有以去之，則是物有未格，而惡之之意猶為未誠也。今焉於其良知所知之善者，即其意之所在之物而實為之，無有乎不盡。於其良知所知之惡者，即其意之所在之物而實去之，無有乎不盡。然後物無不格，而吾良知之所知者，無有虧缺障蔽，而得以極其至矣。」[50]

由此陽明可以看出格致為一體而互通。至其他誠、正、修、齊、治、平的功夫，在次序上或有先後，乃發用上的互關現象；而其本體則為一，皆為心之至善自覺後的全盤及客觀的實現。

現在我們就陽明所說意之所在為事一點來說明「致良知」之為一種本體發行的功夫，但也不失為一種就事物的存在的一種價值實現。從這個觀點來看，我們不一定要把陽明解釋為唯心論者，或甚至於解釋為主觀唯心論者。首先陽

[50] 同上，頁一二二—一二三（《大學問》）。

明並不否認「天命之謂性」的客觀性，也不否認世上有所謂「理」，故他說「良知是天理之昭明靈覺處」[51]。理是本體，理也是統一的，「故良知是天理，思是良知之發用」。[52]理是活潑的而可發為萬物之「用」。由此他解釋了性、心、意、知與物的存在（中）以及此諸種存在之價值（和）。故他說：

「（人之）理一而已，以其理之凝聚而言，則謂之性；以其凝聚之主宰而言，則謂之心；以其主宰之發動而言，則謂之意；以其發動之明覺而言，則謂之知；以其明覺之感應而言，則謂之物。故就物而言，謂之格；就知而言，謂之致；就意而言，謂之誠；就心而言，謂之正。正者，正此也；誠者，誠此也；致者，致此也；格者，格此也。皆所謂窮理盡性也。天下無性外之理，無性外之物。」[53]

[51] 同上，頁五九（《傳習錄・中》）。
[52] 同上，頁五九（《傳習錄・中》）。

陽明言理、言性、言物、言事均就心之發動言。然此心實為執著未發之中的本體說，而不只就已發之心與思而言。未發即已發，已發即未發，內外動靜不可分，是乃良知之中。我的意思是：陽明在〈答羅整菴少宰書〉中已見出他的被誤解，誤解他必「是內而非外」，專事「反觀內省」，而遺棄「講習討論」，謂其「一意於綱領本原之約，而脫略於支條節目之詳」；謂其「沈溺於枯槁虛寂之偏，而不盡於物理人事之變」，要澄清這個誤解，我們必須認識：

1. 陽明的物、性、心、知等有一超越而內在於人的統一本體，因其超越而內在，故也是超於主客之外的。心既為主體的發動，物亦視為本體未發之中而獨立於發動之心。但這種本體意義之物，必須心的觀照以成其為現實之物，亦即謂之和。內外一體原是動態，主客之相合即為意之所在，而物亦可視為事了。這是物的主體性，物之有主體性正如心之有客體性，此可完全透過中和來說明的。

---

53 同上，頁六三（《傳習錄．中》）。

2. 心所體現之事自為特殊之事而為和的具體表現。自「中」而「和」乃自「中」的統一發動創造以及「和」的統一，而為全體性之顯露，此顯露乃天地一體之仁，乃宇宙的生意。此統一性亦可視為「格心之物」、「格意之物」、「格知之物」。

3. 良知之呈現必在具體之事，此為宇宙之本然，亦即為內外動靜中節之「和」。故陽明不但不以為喜怒哀樂不滯、不外良知，亦以良知必呈現為可析主客之具體感應，並非「優閒無事」，乃是應於事而非空的，主觀自感「戒慎恐懼」，以求客觀實現未成之和，未達之善。又說：「意未有懸空的，必有事物」[54]。又說：「人須在事上磨鍊，做功夫乃有益」[55]。又說：「簿書訟獄之間，無非實學，若離了事物為學，即是著空」[56]。

---

[54] 同上，頁七五－七六（《傳習錄・下》）。

[55] 同上，頁七六（《傳習錄・下》）。

[56] 同上，頁七九（《傳習錄・下》）。

4. 致良知的工夫是活潑創造的，是體現及保存原始的善之活潑。陽明說：「鳶飛魚躍，亦是天地間活潑潑地，無非此理，便是吾良知的流行不息。致良知，便是必有事的工夫，此理非惟不可離，實亦不得而離也。無往而非道，無往而非功夫」[57]。致良知亦即生命流行以及自覺與實現（至善）之過程。更深一層說，良知不發動不引致就不是良知了。至善不求實現，也就不是至善了。陽明說：「良知不由見聞而有，而見聞莫非良知之用，故良知不滯於見聞，而亦不離於見聞」[58]。這就陽明所提的知行合一說，知必蘊於行，而行亦即知也。本體必發用，而發用不離本體，中和一貫，知行必合一。從這個觀點看，「致良知」乃是對「知行合一」作了最後的解釋，也是宇宙生命活潑創造的解釋了。

總結以上，陽明所說致良知乃是自未發到已發，自已發的心性以底於和的

---

[57] 同上，頁一〇三（《傳習錄・下》）。

[58] 同上，頁五八（《傳習錄・中》）。

至善的過程與結果，其未在事上磨鍊，亦成事之為事。構成事的客觀與心的主觀的契合，以及本體在實現中的統一。

四、結論：致中和與致良知的統一性與全體性

以上的討論讓我們得到下面的幾個重要結論：

甲、分析中和的觀念顯示人的心性是與天地相通的一體之仁，而此仁乃必發端而成至善之自覺，是為良知本體，亦為未發之中；但未發應必導致已發之和，如何成就本然之和，依和以體中，乃是致中和，亦是致良知的功夫。這是中和觀念蘊含良知，致中和蘊含致良知，因中和蘊含致中和，而良知蘊含致良知故。

乙、分析良知的觀念顯示心性本體有至善的本然以及主體性，此主體及本然乃未發之中，是良知之為天或天理的理由。而此良知已為本然之發動及流行，因為至善之自覺，故為本然之和。如何存養此本然之和，乃致良知亦致中和之

功夫。宇宙良知自然顯露於人，人之良知之實現亦自必充實宇宙，是說明不但個人，宇宙也有活潑的創造性。這是良知蘊含中和，致良知蘊含致中和；而致良知蘊含良知之必可致，而必先自成。而致中和蘊含中和之自然流行以及其必待完成之潛能。

丙、分析伊川與朱子對中和的省察以及他們對中和引發困難之解釋，可見致中和的功夫為善之體驗。此為涵養用敬的意思所在。此點似乎與致良知的功夫完全一致。而程朱與陸王在致中和一點上可說精神完全一致。

丁、綜合陽明對良知與致良知的觀念，看出良知有其超主觀的本體性，主觀是私見、是蔽、是欲，而良知是公、是善，而與客觀世界有根本之合一。故說致良知在事上磨鍊，不離見聞，由此而見陽明強調動靜無間，未發已發相參，及強調宇宙本然之善，生命自覺之活潑創造性，非強調其主觀性。宇宙既有動靜中和二面，本體流行可分亦不可分，均見於具體事象與活動。這變動不居的宇宙，合於易之「生生不已，道義之門」的原則，由此亦可見陽明之說不容說為唯心論或主觀唯心論。心之為良知乃本體之至善，也為超主客的全體本然。對於陽明所述花樹不在你心之外的了解，當從花之中和兩面來說，花之本體原在發動之心外，正如心之已發，非心之未發，但已發不離未發，則花之象亦不離其本體，心必自未發到已發，花之象亦由本體實現為物象。不可舉此例以言陽明為主觀唯心論者。

戊、對於陽明與程朱的綜合了解，可以圖示之如左：

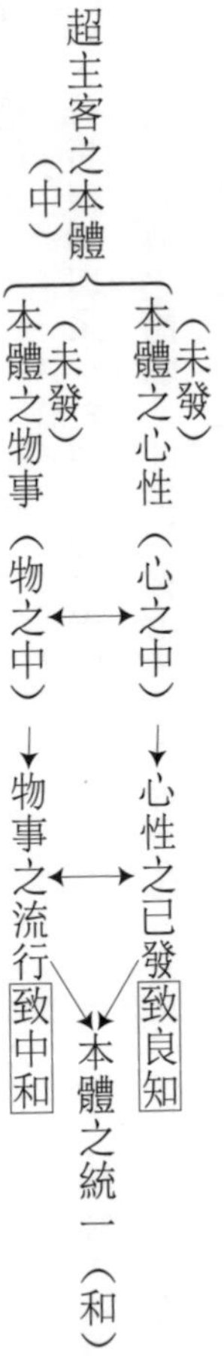

己、我們分析先秦儒家所引發出來對人性人心理解的三方面：心為中乃與宇宙本體相連；心為和乃本體發行創造中之和，顯為喜怒哀樂之中節；心為良

知，是為對宇宙之至善之自覺，亦為實現善（亦為至善自我實現）之動源與潛能表現。由此為出發點引出程朱及陽明之解釋，在先秦原始觀念中均可融合為一，而見其廣度與深度。故宋明之學為先秦儒學增加深度及廣度與條理。先秦儒學為宋明之學立下統一之基礎。即以涵養用敬與致良知的功夫兩項來說，雖似乎各有偏重，但在意旨與立意上亦不外孟子所說「集義」「養浩然之氣以盡性知命」的功夫。此項功夫對於孟子乃所以完成充實擴展人性之善之四端的。

庚、陽明對朱子有「支離決裂」的批評，係對程朱倡導「進學在致知」與「即物窮理」而言。其批評的重要性在指出程朱學中是存在著「德性之知」與「見聞之知」，「用敬」與「窮理」的不調和。若朱子果以「窮理」為「用敬」之功夫，則誠如陽明所說必放失良知而不知內取，此點也許朱子及程子晚年均未及見，故談「窮理」予人以「求見聞之知」的印象，但朱子之「窮理」如作「涵養不離事物」解，則在致中和的致上，亦與致良知之致上精神若合符節；若「窮理」不作如此解，而為「見聞之知」，則對此「見聞之知」如何相關於

「德性之知」這一點，朱子原應予以解釋而卻未予解釋。

辛、我們為朱子的解答是：「即物窮理」以求「見聞之知」乃是對事物之理解以啟發主體之創造性，以發揮心性之善之自覺與努力，以求改造與建設世界。這是所謂一種科學及理性精神。陽明顯然亦不反對此精神；如果明瞭此精神原不在求德性之知，乃在發揮良知之用，則致良知是目的性的，而即物窮理以進學是工具性的，可以互益而不相害，以抵於一個完整的宇宙觀與人生觀。此點說明道德基礎與科學研究不相悖而相成，亦析剖程朱與陽明學說的基本觀念所具有的近代意義。

顏元的格致之學

宋明理學之發展實可分為三大階段。第一階段表現於朱陸學說之對峙。第二階段表現於王陽明致良知學說的完成。第三階段則可以顏元、李塨批評宋明理學，王夫之重建理氣一元論為代表。對於前二階段，學者常有研究討論，但對第三階段，則較少留意。原因或在人們以為陽明之後理學僅存餘緒，不足與朱王相提並論。實則一個思潮的發展不經過批評與重建階段，往往不能顯示其全面性及其精微所在。至於認識一個學說內部的缺陷為何，亦同時能夠幫助吾人對其優點加深體會。以此觀之，理解顏李對宋明理學之批評以及理解王夫之對理學系統之重建，實具有異常重大的意義。

本文不擬詳論顏李對宋明理學之評論，更不擬推究王夫之哲學之全部內容。只就顏元一人思想中隱含的「格致」觀念，來討論宋明理學（及心學）中的「格致」問題，並進而提出顏元本人立意之得失。

朱子以為「格物致知」之旨在於「即物窮理」。訓「格」為「至」，訓「致」為「推而極之」。「格致」乃求得事物之理以至於極。但何者為理？何者為物？如何在事物中（即如何即物）求理？朱子對此等問題涉及之概念似均未作完全及嚴密的解析。若就理不離氣、氣不離理論，理必即物而後窮。但朱子又有持敬主一無適之說，則「理」似乎不必「即物」也可求得，而成為抽象理想之物。迨至陽明，認為「格致」在於實現並闡發「吾心」之本體，非由外求，因之他訓「格」為「正」，以「致知」為「致良知」。是「格致」又已變為一己道德心靈的自覺活動，與程朱以讀書為「致知」的方法相較，其相去不可以道里計。但陽明此種格致之說，往往導人流入主觀及獨斷，更易令個人忘卻自我完成所應具備之自然與社會的先決條件。

顏元對宋明理學的批評之最大貢獻乃在提示了一個新的重要的「格致之學」的觀念。「格物」之「格」，據顏氏之意，乃應釋為「手格猛獸」之「格」，則「格物」乃實際的去學習技能，實際的去磨鍊生活，實際的去力行德目。至於「致知」之「致」則為「推致」之「致」，乃實際的去體察推演，並把實際的學問實踐於生活之中，使其對社會有用、有益。總言之，「格致」的觀念可以包含下列三部分：㈠實習，㈡實踐，㈢實用。實習乃指不離實際經驗去獲得知識；如習禮、習樂、習書數、習兵農水火諸學乃為學禮、學樂、學書數、學兵農水火諸事之基礎。其次實踐乃力行各種德目，並以力行德目為道德知識之依歸，故曰：「行孝弟，存忠信」，以此為聖學之本。至於實用，則以為凡德、凡行、凡藝皆應能「利用厚生」，以充實一己之生命，增加群體之福利。故強調：

「必有事焉，學之要也。心有事則存。身有事則修。家之齊，國之治，皆有事也。無事則道與治俱廢。故正德、利用、厚生曰事。不見諸事，非德、非用、非生也。德、行、藝曰物，不徵諸物，非德、非行、非藝也。」

基於上述，顏元的「格致」之學，就不外乎首習六藝以成個人之德行，進而講求經史藝能以成國家社會之文物制度（文事武備）。德行為制度之本，六藝為經史藝能之本。「格致」之學乃一體多用、一元多面之學問，與社會、人類之實際生活不容分開。此種意見的充分闡發，見於顏氏之《四存編》（〈存學〉、〈存性〉、〈存治〉、〈存人〉）。

顏元批評宋明理學有其獨到之處。其批評之重點有二：一、宋明理學脫離實際，專講義理，終於流為章句註疏，喪失儒家的活潑生命，既不能「下學」，故無法「上達」。二、宋明理學顯然或隱然以氣質為惡，束縛了個人的才情，不能對社會制度多所開創，且必論於靜坐禪思而後已。顏元對此兩點所作之批評，雖不盡適於全部宋明理學家，然亦並非無的放矢。吾人認為顏元所揭示的「格致」之學，不一定能取代純知識之探求；而其提出「習、蔽」的觀念以說明

「惡」之所由生，亦不能詳盡解答「惡」的存在問題。但如何參考顏氏之批評以修正宋明理學，以及如何根據宋明理學以充實顏氏之學說系統，乃值得吾人加以深思之問題。

中國哲學的特性

（原稿為英文，此係張尚德教授所翻譯。中英附記）

本文從分析性的重建中國哲學的主要傳統和思想來綜合性的說明中國哲學的特性。我們將討論和描述中國哲學中三種主要傳統：儒家、道家和中國佛學。我們將中國哲學分成四種特徵：內在的人文主義，具體的理性主義，生機的自然主義，以及自我修養的實效主義。從此文的討論中我們可明晰的知道，上述中國哲學的四種特徵是相互關連和彼此支持的，因此，要瞭解四種特徵就必須對各種特徵的內容作一較佳的瞭解。在中國哲學中有許多未解決的問題，如超越經驗的問題，人性的善惡問題，邏輯與理論的知識問題，這些問題都是研究中國哲學者所應提出的。如果中國哲學能幫助我們作批評性的瞭解這些問題，以及能為我們提供思想的各種選擇性的途徑，則我們就更有理由將中國哲學當作一種應受普遍關注和具有普遍意義的哲學。

一、西洋早期研究中國哲學的錯誤

在早期歐洲研究中國哲學中，對於中國哲學的真正性質，產生了許多的混亂和誤解。在許多有關中國哲學的著作中，通常有四種混亂和誤解。首先他們相信中國哲學是不合理和神秘的，僅由一些直觀的形式才能把握。以這種信仰作基礎，就自然會認為中國哲學絕異於西方的思想模式，因之要用西方的術語來表達中國的哲學，那是不可能的。這種想法和其所預設的信仰是錯誤的，且容易引起誤解。因為在中國哲學中顯然有自然主義和理性主義的傳統，同時也有一些其他普遍性的要素，應該將中國哲學和西洋哲學作一種對照和比較，這種對照和比較不僅是可理解的，而且是有益的。

與歸因於神秘主義恰好不同的錯誤信仰是認為在中國思想中並沒有新的創造性思想，而在中國思想中所包含的各種事物，已在西洋的傳統中討論過了。這種看法正是十九世紀早期歐洲對中國文化的批評，它就像第一種觀點在二十世紀的美國一樣的走極端。這種觀點，因假設中國哲學為非理性的神秘主義，而欣賞中國文化與哲學。事實上持第二類觀點的人也不是真的，因為當我們澈底瞭解中國哲學後，就會顯示在西洋哲學中並不能發現中國哲學的根本概念。雖然如此，但中國哲學與西方某些哲學思想有許多相似的地方，而且必須指出這種相似，不但極具意義且能激發哲學的探求。事實上要引導和發展中國哲學和西洋哲學之間的對話，也只有當對中西哲學之間的同異作深入的觀察後才能做到。要發展中國哲學和西洋哲學之間的對話，首先必須瞭解中西兩種傳統的語言，能以一種建設性的方式將一種語言譯成另一種語言。要作到這一點，就必須有創造性的洞察力，始能看到在一不同傳統中所展示的各種哲學問題和解決方法，從而用本國的語言將那些問題和解決方法予以概念化。

從中國哲學和西洋哲學之間的對話所產生的良好結果可以是很多的。其中最為相關的也許是因此得以瞭解自己的立場。如果哲學的功能之一是發現已被接受的預設觀點和探究思想與論辯的新途徑，則中西哲學的對話對於此種發現和探究事實上確能提供新的瞭解。沒有此種發現和探究，要增進對自己的瞭解，那是不可能的。

與上述第二種錯誤有關的，是許多以機械主義論點來研究中國哲學所犯的一般錯誤傾向，那就是粗糙的概括中國哲學。在粗糙的概括中國哲學的性質時，他們輕而易舉的將中國哲學分為唯物論與唯心論，客觀主義與主觀主義，無產階級的或者是貴族階級的。依於這些分類而作的不切實的價值判斷，實無法了解所研討的學派之真正本質。以這種途徑來研究和評估中國哲學是不可接受且是不可取的。因為這種途徑是基於經不起批評的武斷前提的。尤有進者，這些分類的使用過於含混和一般化，不能把握特殊學派或思想家的長短得失。他們也就自然曲解中國哲學的真相而不能釐清中國哲學的問題。從上述錯誤中我們學習到一種教訓，那就是在著手評估和研究中國哲學之前，我們應該批評自己的研究和評估的概念工具。不論是中國哲學或其他哲學也好，如果沒有適當的工具來從事和形成一適當的瞭解，就不能對所研究的題旨有一適當的瞭解。為了瞭解的目的，概括通常是必要的，不過要記住的是，概括必須如同達到一結論一樣，它是建基在細緻的分析和重建上，且能鼓勵未來的批評研究。作者對概括的特質持這種觀點，擬將整個中國哲學予以一般的討論。

在研究中國哲學時所流行的最後錯誤觀點是認為中國哲學能以社會政治學、社會經濟學甚至社會心理學上的條件以及思想家的性格和他所處的時代來解釋。當然馬克思主義者已發展一系統性的方法將哲學關連到一個時代的社會經濟條件上。我們在討論研究中國哲學所犯的第三種錯誤時已經指出，以這種基礎來處理中國哲學是不可取的。現在還要指出的是，一些非馬克思主義的知識歷史學家，用歷史的事件來解釋中國哲學，而未發展任何系統性的方法或理論上的根據。以這種途徑來研究中國哲學，其結果是許多有意義的哲學觀念都被歸到特殊的歷史事象上，因而剝奪了哲學觀念的普遍意義和真理要求。這是歷史的約化 (reduction) 之錯誤。這就像任何約化的形式一樣，註定會使中國豐富的哲學思想內容變得貧乏，誤導大家忽視中國哲學家的獨立的哲學性格。

在我們一般的討論中國哲學的整個特性之前，重要的是先處理兩件事情：首先我們該明晰的說出研究和評估中國哲學的方法；其次便該將我們的方法應用到中國哲學的主要方向、傳統與主要回顧上。我們所採用的表詮中國哲學的方法是一種分析和重建的方法，可簡稱為分析的重建方法。此方法首先在分析中國哲學中各種不同的基本論點，企圖展示和顯出在基本論點中所包含的內在意含和諸概念的關係。進而對這些論點直接的達成一些顯明的預設和結果。最後在解析之下我們將系統的和批評性的來解釋各種概念和觀點。過去並沒有應用如此的方法來研究中國哲學，也很少企圖以明晰和系統性的哲學語言來說明中國哲學中的觀點與概念，這似乎是可憾的。結果是以傳統的語言來解釋中國哲學的觀念，就漸漸的失卻直接訴諸現代人的哲學心靈。這是一種在概念上的障礙和缺少語言批評的結果。在下面我們將以解析的重建方法來討論中國哲學，並以此途徑來引導和顯示中國哲學對近代哲學家和近代人是切要的，同時就可能將中國哲學和西洋哲學作一比較。

二、先儒家時期的原型觀念

從歷史的眼光來看，中國哲學開始即具有一種傳統，這種傳統並不是由任何系統性的方法或獨斷性人格化的宗教表達出來，而是由人的血緣情感與自然以及在時間中的歷史感與生命的嚴肅性和最後對於人與世界的真實性及潛在的完滿性之信仰表達出來的。在孔子誕生以前很久的商周時代，關於終極的真實性和其決定性的權威、人成就善的潛能、人的存在之外在限定、以及人與人之間需要以處理得很好的行為模式來建立統一與和諧的關係，都已經發展了原始的觀念。其時有天（上蒼）、帝（高高在上的神，人的祖先神）、性（人的性質）、命（命令、命運和必然性）、德（權力、潛能、道德）、禮（禮儀與禮節）等觀念。天帝的觀念在古代即與對祖先的實際崇拜特別關連在一起：人的祖先與終極的真實性同一，也是人的生命之永久源泉。這一觀點實具有極深的哲學意義。後來較具人格化的帝的觀念為較少人格化的天的觀念所代替，天代表一種較為一般的觀念，為大多數的中國人所接受。就某種意義來說，我們可以視天是一種帝的普遍化的觀念，這是從需要統合各不同民族的祖先崇拜發展而來的。因之帝就可以看作是一特殊氏族的祖先，天是所有民族的祖先。在這種方式中，天就比帝較少人格化，因為天是由特殊人格化了的帝之性徵轉化而來的，即使天仍保有帝的特殊的和道德的力量，天比帝是較少人格化的。

除了上述以外，天主要是一個空間上的觀念，而帝主要是一時間上的觀念。從帝發展到天的觀念指出人覺察到終極的真實性和至上的權威對人的有形接近。事實上天在人的意識上是很關注人民的福祉的，這就更進一步的指出了這種接近。由於上天要提高人民的幸福，政府和統治者的存在才成為可能。正因為天有這種關注，統治者就有責任使人民安居樂業井然有序。天既關注人民，上天的意志也就與人民的意志同一，因此，當統治者失德和不善時人民的不滿和不安就可解釋為上天要收回統治者之任命的一種徵象。實際上德與善不是別的，乃只是實現上天意願和成就人的生命之潛能的力量。就一種意義來說，德與善生來就在人中，人可以依照上天的意志（命）來成就自己。人的這種可能性和培養這種可能性的能力就叫作人的天性（性）。由於人密切的與天（人的生命之源泉和使自己成為完美的型範）相關連，這一事實清楚的使我們知道人必須修養本性來實現德與善。尤有進者，人的秩序是建立在自然的秩序之上，要保存人的秩序之原則就變為人所實際關注的問題。由於有這種關注，就發展了支配人與人之間和人與神之間的關係——禮，把禮視為發展人和維持社會福祉最根本的價值。

總結起來，儒家以前時期的原始觀念實具有很深的哲學意義。他們是彼此關連在一起的，且建基在人與自然之間的原始同族性的情感上，及建基在把人的存在當作一能夠發展的潛在事物之情感上。因此，人的存在價值在忠實的追求和獲得或實現人與真實性的統一。下面我們將看到以此作一般的基礎，中國哲學的主要方向與傳統是如何發展和變化的。

三、儒家的傳統

儒家時代的開始為孔子明白承認外在的天和人的內在的德（德性，力量）有一種本質上的連結，人應該以一種等級性的愛來愛他人，以此成就我們所固有的普遍人道。因此我們可以說孔子所代表的儒家是人覺醒到自己與天以及與他人的一種關係，人的這些關係是在實踐中和完滿的道德來實現的，完滿的道德是仁（愛與慈）、義、禮與智（分辨善惡的智慧）。仁是人所普遍具有的。義是在實踐仁於各種情勢和關係上發生的。禮是以適當的方式來表達自己，用禮來成就仁。如果禮是在一種情境中一個人對另外一個人的外在行為模式，則義就是實際上授與行為模式的規範原則，仁是以義的精神來成就的那種自然傾向。

因此，仁是使人成為一個人的根本原則。因為人是以仁為基礎來成人成己和成己成人的。也就是人以仁為基礎使自己與他人連繫起來，以完成自己。

追求仁的人是君子，是一個知仁和瞭解自己能力，且必然以仁來成就自己的人。當人完滿的成就仁時，他就無入而不自得，且其一切行為必能符合義和禮的嚴格原則，這樣他不僅是一位君子，且是聖人。因此，在儒家的思想中，仁可以進一步的代表人的完滿理想，仁是與全德和一切德的要素同一的。

當天被視為與人的內在德性相關連時，天就是人的勇氣和智慧的源泉。但另一方面，在孔子以及後來的孟子思想中，天不僅是一個人潛能的內在源泉，且是鍛煉和限定人生的外在必要因素。瞭解天的這層意義後，人就當接受人生許多決定性的事實，諸如死亡、不幸等等。這些決定是可能的，因為人有其客觀的自然性，即人是一客體。但是孔子和孟子認為人除了受由外在原因來決定的客觀自然性外，人有一種動力性的主體性質，即人是一主體，能在道德的方向上來培育自己，因之在成就自性的充分自主和獨立性方向上決定自己。這就說明不論作為一客體的外在決定和限定如何，人可以實現他的精神自由。孔子的重要性在於他堅持人能夠成為一充分的主體，因為人有主體的性質，生命就有意義，而在關係之網的自己實際作為中，有力量追求完滿。

在孔子以後的古典時代，儒家在孟子、荀子和《大學》《中庸》的著作中，已大大的得到了發展。孟子明白的形成人性善的理論來作為人能趨向完滿的自我教育之基礎。他將人的自然感情和憐憫、羞惡、辭讓、是非之心作為仁義智諸道德的基礎和開始。孟子認為人的道德有一種自然的基礎，而人性無非是追求道德的能力。因此人性就是完成人的固有德性，人的敗德只是人放棄和迷失自己的本性，任由環境的支配。不過人不會真正失掉他的固有善性和瞭解需要存善的先天能力。孟子常喜歡談論到「存心復善」。孟子愛民的政府理論，以及君主應成為人民的好榜樣，就是建基在人性善的理論上。

儒家的荀子在時間上晚於孟子，他卻認為人性是惡的，人的性善是人為的，不是自然的。雖然如此，荀子仍是一位忠實的儒者，相信人的能力和潛能以及個人追求完美的先天傾向。荀子的性惡論是由於看到人的欲望沒有適當的限定，也就是只顧自己的利益。不過這並不是荀子有關人性的整個思想，因為荀子認為人的心靈能力或理性知能也為人的固有性質。依據經驗，人必須用他的心靈和理性來成就自己和他人的利益。因此荀子討論到以禮來教育和訓練人的重要性。禮是在社會和國家中安排和組織人的行為與努力的原則。在這種意義中的禮就是理性的創造和人主要保存的美德。

儒家在中國歷史中曾有許多不同的表達形式，不過在基本上，道德自我教育的必要和起碼的原則，天人的合一，為了個人的自我實現，要求社會秩序和政治和諧，從漢至宋明時期，所有這些都是受到普遍肯定而從未放棄的。宋明儒家（新儒家）深深的捲入形上學冥想的（存在和理性的原理）和氣（自然之氣，實體與本質）的問題。理和氣也用來解釋人的主要善性，人與天及一切事物的實在有一種潛在的合一性，以及為什麼用自我教育能實現人的固有善性和天人合一，物我一體。

四、道家的傳統

中國哲學的另一重要傳統當然是道家。我們可以指出道家代表著古典時期由天到道概念的發展階段。事實上的儒家著作中也曾使用道這一名詞，不過極力形成道家哲學的還是老子和莊子。至此道的概念是完全不同於天與帝的概念的，道是屬於終極實在完全為非人格化的概念。道在範圍上比天與帝的概念更為擴大，因為道包含世界的一切事物。不過在某一方面道與以前的天和帝的概念具有某種共同點。道的內在與人相關連。從一種意義來說，道是人的不可或缺的存在。說到這一點，我們必須提醒道不像天和帝一樣，它並不能視為帶給人一種特殊的恩賜，或視為深深的關注人的福祉。道對任何事物是不偏不倚的，因為道是產生、包容、轉變和保存萬物的。由於道對萬物不偏不倚，因此一切事物在本體上就可視作是平等的。在老子道的根本觀念中實包含著本體論上平等的概念。以這種概念的道作基礎，莊子就更進一步的發展了世間一切事物在本體論上平等的新意義。

依莊子的見解，一切事物在本體上平等，因為事物的形成是採取自變和共變歷程的。個體事物和事物的個體性並沒有實體，一切事物只是在事物自變和共變的全體中相對的被決定。因此一切事物在本體上是平等也就有著既相互決定又自我活動的意義。

下面我們將述說道家哲學某些重要的特徵。首先道是整體性的。在本質上既不可界定也不可言說的。對道的不可界定和不可言說的適當解釋是：道不能以任何對象來限定，也不能將其特性有限的表達出來。這也就是說沒有一種對象和特徵性能代表道而對於道不會產生偏頗和錯誤的概念的。

因為道不能以任何有限的特性來敘述，它就與具有有限特性的事物不同。如果具有有限特性的事物稱作有，道就是有的反面，老子將它叫做「無」（非有或空處）。因此，對老子來說，道並不只是一種被消極認定的實在，而是一種不受局限的且為一切事物的源泉與原始之對象。雖然老子以空無的概念來把握道的性質，我們最好用「不受局限」或「無終止的」此一名詞來提示道能實際產生人和事物的可能性。事實上老子特別認為由道所產生的一切事物都是與我們有某種關連的，我們應瞭解道的空無性或不受局限性，因而自道的瞭解中得到種種益處。

道家另一要點是道並不是一靜止的或不變的實體，而是運轉與變遷的一種歷程。這也就是說由道所包含的一切事物是在運轉與變遷的歷程中。就這一關連來說，現在須解答兩個問題。在有中，道以什麼樣的動作產生一切事物？作為變遷與運轉的歷程，如何來描述道？回答第一個問題是道以化生和自現來產生一切事物。很明顯的由道發生的歷程是有著矛盾的，我們必須從辯證的觀點來解決這一矛盾。

我們已經看到道是空無而又產生一切事物的。其所以如此，是由於道是一種原理，由此原理否定可以變為肯定，潛在的可以變為實際的，空無可以變為實有，一可以變為多。正由於道的否定性和潛在性，就創造和維持了每一肯定的和實在的事物。不過就在潛在變為實際、否定變為肯定、空無變為實有、一變為多時，也就發生相反的歷程。在這種意義中的道是無窮盡的，且以相反相成的辯證方式來決定變遷的作用。道家認為這種意義的道，代表人生最根本的智慧，我們可以在對人生和實在的細心反省中體驗到它。

因為道是變遷的，而變遷一直是由某些事物轉變為另一些事物，道自身便是兩相對待事物的一種統合。道的兩相對待事物分別稱作陰與陽，即柔和剛的力量或原理。很明顯的，老子認為陰陽力量代表一種統合力量的兩方面，不論是個體或道的全體均如此。陰可以與否定的、潛在的、主體的、保存力等相同一，而陽則可以與肯定的、實際的、客體的和創造的相同一。從一種意義來說，陰代表道的一種無窮盡的力量，從這種力量引出各種形式的力或活動，陽則代表創造性的活動形式，不過這種創造性的活動形式在具體事物中有一種開始和終結，因此在具體事物的發展中，當陽的力量自身耗竭時，就轉化為陰；但當陰具支配力量時，就會大大的造成陽的活動。變遷的歷程是由道的兩重運動的兩種力量交互影響構成的。由陽顯現陰，由陰促使陽的潛在性的運動。老子曾特別強調返（或復）的觀念。返是返於道的不可局限和無窮盡上。這是強調道為一種陰的力量。不過這並不是否定陽，因為除非陽的活動自身窮盡，一個事物就決不可能回到陰。因此在以道來解釋一切事物產生的宇宙論原理時，老子也說明一切事物歸宿的宇宙論原理。

老子曾將他的事物產生和事物歸宿的宇宙論原理應用到人上，因為人的世界是離不開自然世界的。依照這些原理，人的福祉在於人能依循道，這也就是說，人能夠保存行動的潛力，而不實際將潛力實現出來。因為人是道的一部分，且為道的產生過程的一分子。當人盡力而為耗竭自己時，他就會像作為道的一產品而遭擲棄，這可以解釋為因過多努力的結果而遭受挫折與衰竭。因此，對待人生的較好方式是不盈與無為。人必須「致虛及守靜」。要作到這一點就必須知「道」和養「道」。也就是學道的無為，從而使自己具有無限的創造且免於毀壞力的支配。在這種狀態中，人生自然會歸真返璞，事事復歸其根。老子將這種理論稱作無為而無不為。無為是不特意去作某些事情；無不為是依事物中的自然性去作任何事情。老子曾用了許多的比喻和形象來表達保持虛靜、不盈和歸真對引導人生的重要性。如果我們反省一下像水、山谷、未雕的木塊、嬰兒、母與陰等的自然性質與力量，就不難瞭解老子的論點。

就道的運轉和獲得人生的幸福來說，莊子在根本形式上是與老子不同的。首先，莊子並沒有強調道是一切事物的源泉與原始。莊子認為道是一種普遍的表現且為一切事物的整體活動。在一切事物的相對性和相關性中，道便特殊的顯示出來。莊子特別強調事物相對性和相關性的觀念。事物的相對性和相關性有兩重：事物彼此是相關的和相對的，且進一步與事物的全體相對和相關，這便是道。事物彼此相對和相關，意即每一事物是「此」又是「彼」，它們相對的和相關的被決定與被界定。事物彼此不同且又互相依賴。因之沒有事物是絕對的或是世界的中心，這是因為每一事物是一絕對且為世界之一中心。對道來說，事物與道相關且是相對的。因為每一事物是道的一部分，且都是由自我型變和相互型變而產生的。在道的基礎上，自我型變和相互型變的歷程是沒有限定的，道自身是一整體，由道展示了事物的自我型變和相互型變。因為如此，沒有單個的事物和事物的差異是絕對的，也沒有毫無差異的相同事物。

從道的觀點來看，一個個體是道又不是道。其為道是因其為道的自我型變的例示；因為它不是全體，故又不是道。如同我們以前指出的，這種自我型變和相互型變的原理，使事物在根本上平等。進一步的應用到人生上。認識了事物的相對性和相關性，人就不會自事物的任何特殊景象產生偏見，而能對事物中所展示的一切可能的景象和可能性產生開放的心靈。這種態度能使人過一種自然和自發的生活，即使面對困境和災難也是如此。莊子並不認為這種態度是一種被動和退卻，而是從瞭解道產生的一種自然積極的結果。積極的瞭解道即能適合道和應用道的內容，由此瞭解每個事物的中心性。在這種方式中，我們就可使自己具有創造性，這是因為我們準備接受變的一切可能性，且使自己趨向自由，因為我們不會把自己固著於任何單一的固定位置上。我們可以說《莊子》中的道學，除自然和自發以外，使人的生活目的變得自由和富創造性。

五、中國佛學的傳統

在中國哲學中第三個重要的傳統是佛學。我們必須將中國的佛學與在中國的佛學辨別開來。在中國的佛學是自印度輸入的，但中國的佛學是中國本土理知的產物，為在中國佛學的後期發展。在討論中國佛學時，一個有趣的事實常被疏忽是：中國的佛學有兩派與印度佛學先輩相符合，又有兩派中國佛學與印度佛學先輩不相符合。與印度佛學先輩不相符合的兩派中國佛學可以視作是兩派新佛學的發展，而比以前更具有意義和深度。中國佛學頭兩宗是三論和唯識，後兩宗是天台和華嚴。

現在我們首先簡短的討論後兩派佛學，提出其典型的概念並指明其何以比前兩派佛學更重要，最後並顯示這兩派佛學何以可視為在理論上結合成為一種異常的地位，而廣大的影響了後來的時代——慧能的禪宗立場及慧能以後的其他禪師。

在三論宗中，主要的概念是要達到不執著和圓融無礙的佛智，肯定此和肯定非此都須超越。但此四種辭端的否定之邏輯（此、彼、此與彼、非此非彼），當應用到本體論上時，就需要一種不斷和無限分離與否定的概念。無論如何，這種歷程是難與人自己所發現的心靈狀態與穩定的實際經驗相調和的。天台宗很明顯的便是從關注這種型態的問題而發展的，也就是關注人與此世界的關係。

在天台宗的經典中，不斷超越此與彼的否定態度是與肯定此與彼之意義的肯定態度相結合的。此世界是虛有的，因之加以棄絕，又正因虛有即是此世界，我們也就只有在此世界中接受此虛有。此種思想的結果，如同天台佛學思想家所關注的，棄絕此世界即是接受此世界，接受此世界即是棄絕此世界。因為我們能棄絕可以棄絕的世界，接受可以接受的世界。這樣看世界，世界便是既可接受又可棄絕，既可肯定又可否定。由之真理是兩層而又二而一的統合在一起。現在我們可以追問這種情形如何可能。回答是非常簡單的。世界可以從辯證的觀點來看，由之世界是兩相對待的動性統合，而此兩相對待的兩端又相輔相成。有人也許可以注意到在中國經典哲學中的《老子》與《易經》中，已為這種辯證的思想提供了一種式樣。

從法相宗到華嚴宗的理論發展歷程，似乎也依循此相同的模式。在唯識的原始教義中，認為整個世界是超俗世心靈或潛意識即稱作阿賴耶識的觀念活動所投射（譯者註：此段文句作者在原文表達技巧上極為簡明，但據譯者的可能瞭解，阿賴耶識可通潛意識但又實非潛意識，而要瞭解什麼是阿賴耶識決不是語言層次所能表達的，「潛意識」是一個心理學上的名詞，如果與佛學作類比的話，潛意識似乎屬於末那識的層界內。當然要討論心理學上的潛意識和阿賴耶識的關係，在方法上簡直不知有多大的困難，而現代人研究佛學則又極需瞭解現代心理學。現代心理學可以大大的幫助我們瞭解八識中的前七識之作用，但專用現代心理學的方法是不能瞭解阿賴耶識的）。設定此一切能力的心或意識，從而設定附著於此心的觀念，用來說明世界的存在。換一句話說，佛教認為世界是心的活動所變展而來的實在。因此若心礙觀念活動繼續且不改的話，生死輪迴就不會止息。唯識理論最終目的之一在指出藉止息心的活動從而止息生死活動的途徑，以及指出藉控制心的實在性從而控制世界的實在性的途徑。這種觀點卻又是與人類的實際生活經驗及世界繼續存在的人之經驗相衝突的。也許是基於要調和這種衝突性，華嚴宗便進一步的發展出一種理論，認為世界可以從多重途徑來看，而智慧與真的解脫就在以多重途徑來看世界，這世界就是華嚴的事事無礙法界觀。

華嚴宗第一位祖師杜順，提出了理無礙、事無礙、理事無礙、事事無礙的理論。所有這些觀點，意謂世界是無窮豐富和實在的。我們就應張開自己的心眼來看此非局限於觀念產物之豐富和實在的世界。從而更進一步肯定一切即一、一即一切的理論，這就可清晰的看出華嚴宗應是視心既為一原理又為一殊象，它存於其他一切原理與殊象中。其他一切原理與殊象，無不具有心的原理與心的殊象，這也就是萬法唯心。此種互為依藉和互為關係的本體論原理，便用來恢復了世界的兩種實在，及由恢復兩者的原始統合而保持了世界的原有面目。這一理論也意謂著在一無限和諧的實在中，主體和客體必須互為依藉，因而使主體和客體都成為一實在知識的必要屬性。這種思想的可能性也可從道家和《易經》所發展的辯證觀點來瞭解。

下面我們介紹在中國哲學中禪學的發展。前面我們已經指出此文是從分析性的重建觀點來介紹中國哲學，我們最好視禪宗為在它以前中國佛學傳統的最後和最好的產物。這也就是說禪宗在瞭解空的問題有天台宗的最佳傳統，在瞭解心或意識的問題有華嚴宗的最佳傳統。當我們適當的了解了天台和華嚴宗後，就知道禪宗實有天台和華嚴宗所具有的最佳傳統。上面已解釋了這兩宗思想的主要論點。依此解釋，我們可容易的看到天台宗發展了一種有關空的理論，承認世界實在和存在的豐富意義，且保留了心的現象學上的實在。華嚴宗發展了有關心或意識的現象學，承認和肯定世界本體上的實在。關於世界和人的心靈，華嚴和天台宗都指出了將本體和現象相互結合的可能性。雖然他們開始時是從不同的哲學背景和不同的論點出發，但所針對的方向卻是相同的。

至此關於世界的實在性和人的本體及現象相互結合的可能性，亦即世界的本體的實在和心靈的現象上的活動相互統合的可能性，就實際的和顯明的由禪宗的教義與實踐表現出來了。依照禪宗的教示和實際，只要我們一旦見到自己的真性（本性）和本有心靈，我們就瞭解終極的實在和得到知慧，也就是不再受任何幻想、偏見和由心所產生的種種事象的束縛。但這並不是說喪失人的心靈或否定世界的存在。相反的，禪宗為了要達到開悟，肯定世界的存在和保有人的心靈是很重要的。因為只有保有自己的心靈和肯定世界的存在，才能從自己的心靈和世界存在的束縛中解脫出來。用佛學的術語來說，在實際的人生中有涅槃（自由），在涅槃中有實際的人生。

上述禪宗辯證性的結合，不僅僅表現在知慧的作用中，也表現在人生的實際活動中。或者用另一句話來說，不是而且不能脫離實際的人生。即使是語言，若離開了生活的內容，也不能認為是可以瞭解的。事實上，因為禪宗所使用的語言代表了實在的許多方面，結果就使得在實在中的一切可能性相互作用在一起。因此語言和語言的使用，除了敘述、討論或達成一種言詞上的論點外，就有許許多多的功能。通常語言可用來指其所指，我們也可用語言指其非所指以指其所指，或者否定其所指而明即其所指。在禪學的宗師中使用語言來表示或啟示開悟的境界，它的多種複雜性方式是值得仔細分析和解釋的，這仍是一種大部分尚未為人進行的工作。這種分析和解釋所具有的意義，不僅能顯示禪宗誠樸和深厚的思想特性，且能確定語言和語言使用的潛在性質。事實上，對禪宗的宗師來說，語言的使用並不是表示或誘導開悟的唯一方法，還有其他的許多方法如身體上各種表示的動作也可以使用。

說到此處，我們對禪宗應注意的重要地方是，人的每一動作均有由現象所顯明的本體意義，以及在本體上隱含著現象上的意義。禪宗法要端在以創造性的生活和自我的覺悟之日常途徑，來揭露人生的秘密，化平淡為神奇，寓神奇於平淡。因此，事實上禪宗並無門外人所稱的神秘或不合理的地方，這些人僅只浮面的把握禪宗的教義和其歷史背景。要緊的是禪宗是自然的與世界合而為一，並非刻意將世界落入一範疇性的悟性層面中，這一點在道家與《易經》中似乎也是如此的。

人人在本質上都是一道體，人人都具有佛性，在人生的意識活動中，我們就有充足的理由說人有能力實現和成就道或佛。知與行或作為二者之間的本體關係，就很容易的導致禪宗大澈大悟的理論。大澈大悟實乃主體與客體的動性統合，也就是能知的主體和被知的客體的動性統合。

六、在現代中國的馬克思主義

最後我們要檢討在現代中國的馬克思主義。中國進入二十世紀以後，在中國的智識界中便不斷的企圖求一種持久性的哲學，來調和與適應中國的心靈、生活與文化，好符合現代世界的要求，也就是符合具有長處和困擾性的西方科學、宗教與技藝所形成的現代世界的要求。在近世中國政治、經濟和社會的混亂與騷擾中，就很少有時間來分析和評估過去，以及計劃、建設和預想未來。同時對於過去與現在，西方與東方，也少有時間作綜合的研究。唯一的時間就用來對過去漸增不滿，為了遷就現實提出變革，就一味的擯斥傳統。這一點就足夠解釋在中國二十世紀早期馬克思主義的升起，以及中國智識分子不能平穩的從過去轉變到未來的普遍現象。

很明顯的，中國的馬克思主義是脫離了我們上面所討論過的儒家、道家、和中國佛學的傳統中國哲學的。而中國的馬克思主義與中國傳統哲學的關係如何，它未來的方向如何，這是值得我們大家注意的問題。

七、中國哲學的四個特徵

依據上面的討論，我們可以列出中國哲學四個顯明的特徵。我們的問題不是評估中國哲學，而是以極相關的辭句來描述中國的哲學。這些描述和所指出的中國哲學的特徵，可以視作是對中國哲學性質作通盤反省的結論。也可以視作是對中國哲學重要傳統重建性的分析之結果。在此所表出的是中國哲學的主要特徵，而非中國哲學的所有特徵。無論如何，這些特徵足夠作為未來研究中國哲學意義與性質的基礎，也足夠捕捉和展示在全面中國哲學的辯證性和其涉及的問題。

八、作為內在的人文主義的中國哲學

中國哲學第一個重要特徵是它的內在的人文主義。人文主義通常被瞭解為一種觀點與態度，也即人在一切事物中是居於最重要的地位，人的任何活動，必須朝向人的種種價值。人文主義雖然可有許多不同的說明，但我們卻可以把人文主義分為內在的與外在的兩種。在西方大部分的人文主義都是外在的，然在中國哲學中的人文主義卻是內在的。在希臘哲學和在文藝復興時代的西方哲學中，人的存在和理性的能力在事物的架式中是具有獨一地位的。但由於超越經驗的宗教的背景（不論是基督教或希臘神教）及思辯的形上學（不論是柏拉圖的或阿奎那的），都是以一絕對的意義來分別自然與超自然、人與神、主體與客體、心靈（靈魂或精神）與肉體的。肯定人的價值就要犧牲與人不同的價值，不論是自然的或超自然的都得予以犧牲。這也就是說肯定人的價值就招致棄絕或中立與人不同或與人價值不同的價值。

由於文藝復興時代的人文主義，西方人的心靈是由提高人對探求、利用或控制自然的興趣作引導的。他們把自然當作一個無生命的物象，且把自然當作達成人的力量的方法，這樣便直接的造成近代科學的發展。但當科學發展到令人起敬的狀態時，人文主義被認為是過於主觀，且限於研究人性，就不為科學的興趣所重視。其所以如此，是由於科學的研究不僅在對自然的研究上剝奪了人的意義及在價值上要保持中立，抑且將人視作一科學探求的對象。科學所服膺的方法把價值看作純是由人所創造的。這是一開始從外在來設定人文主義不可避免的結果，從外在設定的人文主義認為人與自然是不同的，因此人與自然是互相對立的。

現代存在主義所日增的反對科學的心靈也是從外在的立場來反對科學的心靈，因為存在主義強調人的絕對主體性，以之作為排除客觀世界和物理性質的人文主義原理。這樣便導致一種深深的挫折和羞愧的心理。

就中國哲學來說，自然被認定內在於人的存在，而人被認定內在於自然的存在，這便是中國人文主義的基礎。這樣在客體和主體之間、心靈與肉體之間、人與神之間，便沒有一種絕對的分歧。沒有這種分歧的理由，從中國哲學的觀點來說，當然不是應該作成分歧而在事實上沒有分歧，而是不應該有分歧。在中國哲學所有大的傳統和宗派中，都認為將人與自然或實在視作一和諧的統合是非常重要的，因為人自己就是一種肉體與心靈的和諧統合。尤其進者，如果我們能看先秦帝、天與道的概念為超自然的概念，那麼自然和超自然之間就沒有分隔。肉體與心靈彼此相互決定和界定來構成人的存在，人上下與天地萬物同流，發展為一種極具理想和完滿的境界，使人具有人類學的也具有宇宙論的意義。也許是由於在人的心（靈）與肉體之間沒有一種根本的範疇（類別），關涉到說明人的存在和其存在價值的根本範疇是生命，生命也應用到自然和創造性活動的道與天上。

簡短的說來，分辨中國人文主義的內在性是：人是道或天最高的創造活動之結果，人是可與天地合其德、與日月合其明、與四時合其序、與鬼神合其吉凶的。儒家聖人、道家真人和中國佛學中的佛，都在證明著一種信仰，那就是人有一種宇宙的潛能來實現在自然中的價值和使自己成為完人。因此我們可以說中國人文主義的內在性一開始就認定人與終極的實在和人與自然之間是沒有分歧的：這一點也說明了在中國哲學中缺少絕對的分離和超越經驗的觀念，因為在事物的相互關係作用中是不能有這些觀念的。在以儒家、道家和中國佛學作基礎的中心活動上，缺少這些觀念也許是中國沒有發展純邏輯和科學的重要原因。但無論如何，中國的儒家、道家和佛家卻使中國的社會、政治、道德和理知生活，能夠獲得秩序與安定。

九、作為具體理性主義的中國哲學

中國哲學的第二個特徵是其具體的理性主義。理性主義相信透過人的理性可以得到有關實在的真理。事實上在西方哲學中理性主義的傳統把理性的真理看作與事實的真理不同。他們認為知悉理性的真理是獨立於經驗之外的，因此它是先於經驗的，而有關事實的真理則是建基在感覺經驗上，因此是後天的。這種有關理性的真理之概念在理性主義的哲學中涉及到兩種基本的假設：第一，在人中的理性是先天的，透過理性的理知反省，人自然能瞭解理性，因為這些真理本是理性所具有的。第二，理性的真理比事實的真理更確實更珍貴，因此是人類知識的範本。在西洋的理性主義中，邏輯、數學甚至理論物理學都認為是理性的真理之例子。即使在倫理學和形上學中，也多當作理性的真理之題材來討論。只有到比較近代的時期上面所描述的理性主義才遭受到酷烈的批評與懷疑。

現在很明顯的是，西方理性主義最具意義的特徵是人有抽象和演繹的理性能力。這些能為知識建立抽象的和普遍的原則。由於理性的能力與經驗在基本上是分離的，因此，有關理性的真理就根本的與事實的或經驗的真理分離。

相對於西方哲學，中國哲學之為理性主義並不是從一個抽象的意義來說的，而是從具體的意義來建立理性精神。中國哲學家承認人是一種理性的動物，具有理性的功能來認識真理。這種信仰是從相信人與自然統合和自然的最高發展在人中表現充分的創造潛力而來的。人可自然的知道實在或道，就正因為在人的具創造性的潛力發展中是一必然的步驟。就天或道的意義來說，人所見的實在，是在具體事物中所展現的合理秩序，這是由人的探求可以瞭解和見到的。因為在客體和主體之間並沒有一種原始的罪惡的劃分，人的主體性就自然的與在自然中的客體性相符合。這一點我們可以把它當作形上學之信仰的條目，但是它具有一種性質，那就是能解除有關外在世界知識和其他心靈之間的知識論上的困惑。因此，在中國的哲學中就沒有懷疑主義和智識獨我論的理論。

現在有三種根本的意義，我們可用來界說在中國哲學中使用的具體理性的意義：首先人應該將其視線置諸實在之上，觀察事物的種種活動與型態。以大量的經驗的觀察和經驗作基礎，《易經》便從陰陽的相互變化發展了變的哲學。然後我們可從中國古典著作中所使用的語言看到像天或道兩類的終極實在，並不是邏輯的界說之一般的和抽象的術語，而是一種普遍的和具體的內容，可以透過直接的經驗和廣泛的經驗層面來瞭解。

在倫理學中我們也同樣的看到儒家的道德觀念是密切的與人對基本情緒的經驗關連在一起。如果我們將孟子所說的不忍人之心與康德的無上律令理論作比較，就會知道道德的情操是在人生具體情境經驗中具體實現的，而康德的無上律令卻是理性的抽象演繹。因此，要應用儒家的道德並沒有什麼實際的問題，而要應用康德的無上律令於人生具體情境中卻發生困難的問題。另一方面，由於康德的倫理學有一種演繹性的結構和合理的說明，它就不像儒家的著作一樣，對於道德的洞察，比較少系統性的組織。即使孟子也說到人的先天的善的知識

（所謂良知），但是，良知並不是幫助人達成道德律令的一種能力，而是在具體的人生情境中分辨善惡的能力。因此，在儒家哲學中具體的理性並不是單單的符合康德所使用的實踐理性，也不是單單的符合康德所使用的純粹理性的抽象理性，因為在中國哲學中所示範的具體理性，不僅要處理人的實際問題，而且要保證在人生的實踐中自始至終與理性相連結，這樣就導致具體理性主義的第二種意義。

中國哲學一般是朝向在社會與政府中的行動和實踐的，目的在成己成人，使每一個人變為完人。中國哲學更進一步的強調理論必須應用到實踐上，否則徒為空言。在王陽明哲學中，理論和實際為同一事物的兩端。這也就是說理論的瞭解必須寓於行，而任何種類的行又必須有對世界和自己的知識與智慧。中國哲學的此種特性，我們較後將稍為進一步的討論。具體的理性主義就是要透過自我教育和在實際具體實現的知識之歷程來成就道德上的完滿。在實際中實現的知識和自我教育，不僅是理性的合理活動，且在達到人生完滿的理想上展示了道德。事實上我們只要將在抽象理性中的純粹理性和具體理性中的自然理性作一對照，就會知道我們所論及的中國哲學是著重具體理性的。

最後具體理性有下列一層的意義。中國哲學主要在朝向道德與政治的目的。即使在本體論和本體論上的思辯也是有著道德和政治意義的。例如在新儒家中的理（原則、理性）即為一具體合理的理想及理念。理並不是與人生有關的基本生活經驗及其他人和事物相離的，理是成就社會和諧與行政上的政治秩序之基礎。

也許有人說在中國思維中理性的抽象原則和理性的具體事例之間並沒有一種分別，因此就沒有抽象的培養純粹科學、數學與邏輯。這一點也多少可解釋為什麼在中國哲學中不把哲學自身當作一種演繹的理性活動，而是影響和指導人的活動之一種綜合的道德成就。

十、作為生機的自然主義之中國哲學

中國哲學的第三種特徵為其生機的自然主義。自然主義是中國哲學重要內容，因為中國的世界觀是建基在現實世界而不是另一世界上的。事實上，我們先前已經指出在中國哲學中並不存在著人與神和自然與超自然之間的二分法。因此在中國哲學中就自然沒有討論到超越經驗主義和內在主義之間的問題。中國哲學認為實在的每一形式都是一種變的歷程和由自然發展的。我們已經知道道家認為事物在自然中有一種變動和變化的潛力。這也就是說個體事物並沒有一種靜的實體，各個體事物之間彼此都是有著關係的。各事物都是在一種變的動性歷程和互為關係的生機脈絡中相互決定和界定的。

簡單的說來，在西方的觀點中，自然和實在最好描寫為一種獨立的具體對象，在其中展示一種為科學探求的普遍律則。但是中國哲學大部分認為自然是一種不斷活動的歷程，各部分成為一種有生機的整體形式，彼此動態的關連在一起。我們已經知道此種活動的歷程是陰與陽的相互變動，在時間的歷程中來實現自己。事實上正因為在時間的歷程中事物才能實現它們的潛能及為自我的發展獲得更多的潛能。只要考慮一下事物彼此關係和對終極實在的關係之發展，我們就有理由說實在是一生機的全體，各種差異的活潑統合。由於中國哲學自然主義的此種生機性質，因而在瞭解自然和實在一事上，就常常應用到生命一詞。

在我們考慮客體與主體、物體與精神之間的關係時，我們最好保留中國哲學自然主義的生機性質。雖然有許多哲學家允許在主體和客體、物體和精神之間有一分辨，中國哲學家卻認為其中的關係是一種自然的相應，互為依藉和補充，在互為依藉和補充以及自然的相應中，就成就和保存了生命與理解。事實上我們可以認為各種事物之間的關係是一種總體性繼續不斷的關係，因為精神和物體及主體與客體之間並沒有一種實際上的分裂。物體與精神都是終極實在的道之實現，因此也就是全體實在動性歷程的兩部分。

在中國哲學的生機自然主義中，另一具體證明是人與社會和國家之間的生機關係。儒家認為人是一種依賴他人的關係性的存在，這是為了要培育自己和成就自己的。道家，甚至中國佛家的理論，也認為人是與世界一切事物相關的，但為了要成就完善，人就必須參與道的活動，好與一切事物發生關係。人不僅是與道同一，在人與人和人與事物之間的生機關係中，事事和諧和達到和諧的過程就支配了中國哲學。但是中國哲學的此種和諧與達到和諧的意義，是深深的建立於善的價值基礎之上的。善的價值是一種基本的力量，是達到和諧的結果與歷程。

最後我們可以說到生機關係的終極模式。中國哲學中的生機自然主義是與《易經》中的變的哲學相關的。在《易經》和有關《易經》的註釋中已充分的發展了陰與陽的相互變動的概念，並給予一種象徵的和形上學的意義。因限於篇幅，我們不能討論這方面的哲學，但只要指出《易經》中認為萬物井然有序和理性是道中陰與陽的交互變動，也就夠了。此種道的交互變動在以最簡單的詞句來解釋變動為哲學的現象時，乃是一必要的條件。因此在瞭解變動時，陰與陽是一個最起碼的範疇。以這些範疇、各種殊異的辯證歷程以及實在的普遍性作基礎，我們就可以簡單的基礎來解釋許許多多的事物。這種解釋包含了我們討論過的生機關係，因為這種解釋產生了一種事實，那就是道的統合必須在一活動的創造性歷程內與各種雜多的事物產生生機的關連。我們可以說在本質上各個事物的生機關係，分析到最後必須基於道或終極實在變動活動的辯證歷程上。

十一、作為自我修養實效主義的中國哲學

現在我們述說中國哲學的最後特徵，那就是自我修養的實效主義。我們已一般的指出，中國哲學一開始就特別關注促進個人的幸福和社會及國家的和諧與秩序。儒家的道德觀念和儒學的許多思想家都清晰的表示了這種心靈。即使在老子道家哲學中也討論到政府的最佳形式問題。無為而無不為的原理既是道

的宇宙論原理，也是激勵統治者有關道的政治原理。中國佛學的實踐性是無需多加解釋的，因為很明顯的是中國佛學的目的就在實際的解決人生的根本問題。值得注意的是，在中國並沒有一派哲學或思想家認為哲學只是一種思辯的活動，而是嚴肅的注意到實際訓練、教育或改變人（或哲學家本人），使人成為一較好的存在和具有較佳的瞭解。易言之，我們可以說中國哲學有一種特殊的向度，這個向度就是透過哲學的修養或自我修養來實現自己。

在儒家和道家中曾經發展了一種特別的研究，那就是自我修養的理論或自我實現的理論。特別在儒家的《大學》與《中庸》中形成了自我修養八重步驟，並以世界和諧為其終極目的。頭兩個步驟是格物致知，其目的在瞭解世界。其次三個步驟是誠意正心修身，其目的在使自己變得完滿，好使自己能肩負起社會的和政治的責任。最後三個步驟是齊家治國平天下，其目的為在人群中實現自己的德行，在一種關係的實在性中來實現一個人的潛能。

在此種自我修養和自我實現的歷程中有兩種主要的內容。第一，此種歷程為成己然後擴大為成人；第二，將人內在的成就與外在的效果統合起來。這種使一個人有由內發乎外的修養歷程的統合也就是「內聖外王」。儒家很明顯的表現了成己成人的理想，至於道家和佛家如何也可說為具有成己成人的實效主義，則並不十分清楚。在中國佛家的情況中，成佛的理想和各類佛子的說教，都是一種實效的訓示，透過個人自我修養的努力來獲致整個人生的解脫。雖然道家基本上停留在個人本位的階段，然而在老子的設想中，理想的統治者必須謀一切人的幸福，且須依循道以行事。歷史上指出道家的理論也曾指示後來的政治家如何處理國家和社會的各種問題。韓非子的著作中就是一個例子。

由於中國哲學極力關注自我修養的實效主義，就比較少有興趣來發展任何有關拯救人的外在和超越經驗的力量的理論。事實上，由於中國哲學自我修養的實效主義，關注人生的根本問題就無需超自然的宗教了。

在中國哲學中一般認為人能達到終極和至高完美的境界，不論稱其為聖人也好，真人也好或佛也好，總之，這是人人應該而且可以做得到的。換句話說，人能止於至善而無須超越他自己所處的世界。因此在中國哲學中的自我修養就代替了宗教的膜拜和至高的神。在此種自我修養實效主義作基礎的道德哲學下，中國人的心靈雖具備了西方宗教的功能，但卻不會招致西方宗教中獨斷主義的災難。在自我修養實效主義的宗教內涵和道德自治中，其所以成為可能還有許多其他的基礎。其中各個基礎都被包含在我們所說的中國哲學的內在人文主義，具體的理性主義和生機的自然主義中。

結論

上面我們依分析的重建方法說明了中國哲學主要傳統和思想的綜合特徵。在中國哲學中有三種主要的傳統：儒家、道家與中國佛學。在其歷史和理論發展中，這三種傳統交互影響和具有共同因素。依據我們從先儒家原始觀念所作的討論，我們可以看出事實上儒家和道家具有相同的原始與源泉。就某種意義來說，它們是彼此互相界定和互相補充的。這種觀點從儒家和道家都接受陰與陽的辯證形上學便可看出來。

我們指出了中國哲學的四個特徵：內在的人文主義、具體的理性主義、生機的自然主義與自我修養的實效主義。第一和最後特徵主要在處理中國思想的道德、社會與政治方面的問題。第二和第三特徵主要在處理中國思想的知識論與形上學方面的問題。不過我們須記住的是，中國思想在道德政治社會方面是內在的、辯證的與知識論和形上學交互在一起的。因為道德與社會政治有其知識論與形上學的基礎。在形上學與知識論方面的思想則以道德的實踐和政治與社會的改革為其目的。從我們的討論中應可明白的看出中國哲學的四個特徵是相互關連在一起和相互支持的，因此最好從各種特徵的內容來瞭解各個特徵。

我們未討論中國哲學的各個支脈。雖然一般的討論了儒家哲學，但未涉及中國新儒家，中國新儒家是在中國佛學影響下所特別發展的經典儒家。不過如果我們討論到新儒家，就應能看到新儒家就像中國哲學的其他主要傳統一樣，清晰的展示了上述的四種特徵。

在我們所指出的中國哲學四種特徵中，另有一點應加指明，那就是我們討論中國哲學的問題，是從接受上述的特徵來討論中國哲學的。如果說中國哲學是廣泛的建基在人與自然的統合原理、實在的原理為一陰與陽的辯證交互歷程、主體與客體之間不是分歧的原理、心靈與肉體、抽象與具體以及個人自我修養之全體完滿性原理之上的話，那就會產生一些問題，此即中國哲學如何面對超越經驗的需要的問題、罪惡的起源問題、邏輯的性質和在科學中理論知識的問題。此外我們又不得不探求中國哲學的原理如何與既有的超越經驗理論、有關罪惡的思想、在西方傳統中的理論知識與邏輯相調和。我們的討論是有目的的將這些問題存而不論。如果中國哲學能使我們從一個批評的角度瞭解這些問題，然後提供思想的各種方法，我們就更有理由說中國哲學是值得普遍關注和具有世界意義的哲學。

附記：本文英文原稿題名"Chinese Philosophy: A Characterization"，係作者為挪威出版的世界性哲學雜誌 *Inquiry* 所寫之特約稿，於一九七一年三月份刊出。

論中國哲學的重建問題

一、中國哲學當前的困境

在未討論如何重建中國哲學這個問題之前，我們要問兩個現實的問題：

第一、為什麼目前青年人對中國哲學不感興趣？

第二、為什麼又有一些人盡量的將中國哲學神聖化？

對中國哲學不感興趣以及將中國哲學神聖化的兩種態度往往令人隱憂。第一種態度是漠視，第二種態度是渲染，都是缺乏安全感的象徵。精神上的缺乏安全感，是由空虛和受傷害所引起的。不幸的是年青的一代感受這種空虛、這種傷害，而不知其所以然。就某種意義說，近代中國人徬徨無依，既不能把握現實，又不能超越現實，沒有目的感，也沒有創造性，任何東西都可以乘虛而入，但「善」卻不易深刻掌握。更進一層講，我們生活在文化的現實當中，被動的接受傳統給與的一切，卻無法意識到傳統的意義，因此既缺乏批評，又缺乏選擇，傳統歷史文化變成僅限於「語言」、「習慣」、「道聽塗說」所表現的一切而已。

針對上述兩個問題：我們認為中國過去的思想變得和現代人脫節，是造成問題的原因。這種脫節表現在：

一、生活現實及內容已有改變。

二、思想及價值的說明已不限於傳統的格式。

如果生活現實為下，思想價值為上，則上下已有「磨轉」，而「拉延」不足以維持平衡，其顯然的後果是：

一、生活內容失去了秩序、目的性、善及美。

二、思想價值失去了有效性、活潑性而變得陳腐化、僵硬化。

活的哲學（思想）是經過生活的體驗而反射出的普遍意識，是從主觀的深度中找到的普遍客觀性，是自我融化於世界後的再生自我，也是自我投入世界後之世界的重現。不幸我們缺乏這種活的思考，也缺乏最基本的思考範疇和動機。中國哲學的混亂、和時代脫節、不受重視，正反映出近代中國人的空虛。這種空虛包括兩方面，一是缺乏更好的生活體驗來表達心靈的創造性，一是連過去的形式也放棄不理。

我們如今不但不追求中國思想，也不追求西方思想；而在這兩方面的不追求，是互為因果的。追求西方與追求東方並不矛盾，而是可以互容的A．B，或A→B，B→A。換言之，我們對普遍性的追求，缺乏下述三種了解：

一、對生活本身（即人自己）的了解。

二、對思想（哲學）的目的性及指導性的了解。

三、對上述兩者在方法上及印證上契合的了解。

根據這三點，我們可以對目前中國哲學的沒有發展和不受重視作一解釋。這個解釋又可分成三點：

一、對中國人的價值生活缺乏關注和了解。

二、對思想本身的性格及普遍性缺乏了解。

三、對兩者的配合根本沒有把握。

我們在思想上的空虛正反映出我們在生活上的空虛。我認為目前西方人在生活上勝過我們而不是在思想上勝過我們。中國的科學家、工程師和西方的科學家、工程師有很大的差異，其差異在於中國的科學家、工程師喪失了一般價值的深度感；中國的哲學家和西方的哲學家也有很大的差異，其差異在於中國的哲學家喪失了生活本身的活潑性。

二、研究中國哲學是否必要

「研究中國哲學是否必要」此一命題是基於經驗的及理性的。因為我們一方面要知道中國哲學能否給予我們生活上的目的性（理想性）、秩序、善、美感，另一方面我們要知道中國哲學能否給予我們以新範疇、引發新經驗、開拓新領域。如果我們不研究中國哲學，我們必然無法回答。漠不關心是思想（哲學）的最大敵人，我們接受某種思想必須是了解後的接受，批評某種思想也必須是了解後的批評。我們要安排自己，必然不能忽視與我們生活有關的思想背景及價值前提的研究與鑑定。我們必須肯定我們自己，要從生活的混亂中找出一條出路，也必須檢討我們的生活中代表傳統的目的性和價值觀。這就是為什麼我們有研究中國哲學的必要。

我們研究中國哲學，首先肯定我們自己，進一步改變我們自己，給我們自己以一個形式、一個方向、一個內容。如何去做，這就是我們要談的中國哲學的重建問題。

三、研究中國哲學的幾個錯誤態度

過去研究中國哲學的人似乎犯了幾個大的錯誤。

㈠粗陋的概括主義：

利用一些不成熟的標號 (label) 來概括一家的思想。如謂孔子是人文主義者，老子是自然主義者，墨子是汎愛主義者等等。這種立場忘記了概括是一種綜合，是一個新分析和研究的起點，而不是其終點。如視概括為描述命題，即成大錯。

㈡獨斷的消除主義：

把中國思想還原到歷史的因素，成為文物制度時空事件的反映。換言之，把思想只當作意識形態，當作歷史事實的一面，當作情意的反應，消除了思想的原質。這又可以分為兩支：

1. 因果上的消除主義：例如有學者認為六家出於古代制作之官，僅對現實問題求解決而不指出其觀念普遍性，如孔子的「仁」的觀念，老子的「無為」的觀念，莊子的「以明」的觀念等。唯物主義的經濟史觀和近代歐美思想史中的歷史主義，亦犯了這個錯誤。

2.字義上的消除主義：如指「儒」原義為「儒弱」，「性」原義為「生」，「義」原義為「犧牲」或「犧牲形式」等。一本《說文解字》也許就可以把中國思想典籍取代了。

我們並不認為因果的解釋和文字的訓詁對了解中國思想不相關，只是認為不充分，未能對中國思想作整體性的研究。如果我們不把中國思想放在一個更擴大的間架中說明其相關性，勢必引起「鑽故紙堆」及「原始唯物」的後果，對人的生活與精神是一種限制、一種束縛。

(三)天才式的直覺主義：

認為中西思想的異同在中國的「直觀」或「現量」；中國重「綜合」，西方重「分析」。因此西方和中國相反相左，必須站在中國人的立場才能了解中國思想。我們要問，是不是要有中國人的「慧根」、「慧命」、「慧性」才可「超悟」？「超悟」之後又如何呢？這是把「了解」平面和「體會」平面兩者相混了。我們不反對直觀直覺，但人的超越必基於內在的體驗，人的絕對主觀性必本於人的絕對客觀性，人的特殊性同樣的根緣於此，不可能有超越全體性普遍性的超越。一個人的直覺永遠不可以訴之於人者，必不可靠。這點我們可以自禪宗的傳揚得一教訓（六祖之悟可說是神秀造成的機緣所與）。

㈣情感的神聖主義：

中國哲學有一特性，就是描述或界說一類人的典型時，不僅對其有理智的了解，還對其表示情感的崇拜，成為一個完美人格的代表。這原是哲學本身的目的之一，我們不僅不反對，而且十分欣賞。但這種神聖化的理想人格有兩種危險性：其一是對於個人可以產生一種壓迫感，反使其不欲為聖賢。其二是其神聖性每被少數人用來抑制他人，如宋儒理學中的理。由於這個緣故，於是就有教主、教條的產生。但是中國哲學中孔學所謂的聖賢、神聖，老莊所謂的真人、大人，墨學所謂的聖人，都不是神，因此並沒有「引救」的捷徑。如此，生活的個體和宗教的權威性可以完全不相干。也許有人會從其中推出「宗教神」的必須和「宗教客觀制度化」的必須。在實際上或者有此必要，但在理論上中國的「完人」理念是以「希聖希賢」的君子或哲人做橋樑的。這些人在儒家如孟、荀、宋明大師，在禪宗如禪師，他們係不斷以「自己的經驗模型」和「思考體驗」來提撕，才能維持下去，並不倚靠那些刻板式的教條。如果我們只是用教條宗教式的方法來講中國哲學，自然會令人感到索然寡趣。

唐君毅教授在〈中國哲學研究之一新方向〉中謂「對宗教之義理，能思能悟，能信能證，能言能行，為世範或為世之教主者，為賢哲聖哲」。但這只是一種價值理想，其內容尚需個別去發現是什麼。因聖哲之為聖哲並非定要為人示範而已。對孔子、孟子等如果不把他們神聖化，也未嘗不可以平易的態度去了解、去問難、去辯駁，對其思想亦復如此。因此我們在這裡提出：

一、將哲人想像成一個人，設想我之處彼時彼世與彼之處此時此世的態度及反應如何。

二、不要先行夾纏價值判斷或獨斷的價值判斷。價值判斷是最後下的，是要經過主觀的體驗和客觀的批評之後纔下的。

三、要還其有形為無形，而後再予以新的形式。

四、中國哲學的特殊性與普遍性

思想的單位是觀念和命題，是對經驗本身的解釋。因此思想具備一種全體性與個體性，及一種普遍性與特殊性。

思想具有下列幾種特性：

一、它形成一個系列。

二、它有活潑的經驗內容。

三、它有情意的性質——是一種態度、一種傾向、及一種存在狀態；是對存在的把握。而就經驗層次言，存在是開放的、未完成的，因此我們可以就此得知第四點。

四、思想本身並沒有一種絕對的完全性。思想的全體性，並不意味著思想的完全性。對於思想的主體來說，思想的過程是充滿意義的，並是一個可以發展、可以接受不斷決定的變數。

五、對思想的解釋並非單向的，而是個人主體存在的一種價值的肯定(commitment)。

因此，我們想要了解中國的思想必先了解思想的形式及意涵。就形式說，包括兩面：已成的形式 (determinate form) 和未成的形式 (unformed form)；就意涵說，也包括兩面：已定的客觀世界 (external world) 和未定的觀點 (internal point of view)。如此，我們可就兩個層次來了解思想。第一，就其屬性及客指 (objective reference)；其次，就其內涵意指及未定形式來加以透視。

在作進一層的說明之前，我們可先作兩個結論：

一、思想可以為一歷史或社會環境所決定，而被決定的是其客觀存在，不是其意義內涵及表現形式。此種「意義的超越」顯出思想的普遍性；反過來，思想亦可以影響歷史事件，成為一種解釋，一種理想性的決定力量。

二、思想是一種自覺，必為一個全體，其先設與後果都可以透過兩個層次顯露出來。所有的思想及觀念沒有不含先設和後果的，所以研究中國哲學的課題在「理解中國思想及觀念在形式與意涵兩層次上的先設與後果」。

研究中國哲學的目的不在粗陋的概括，不在原始的消除，不在淺薄的直觀，也不在盲目的信從，甚至不完全在證明其真假。因為哲學上的真假意含著程度及觀點，是不可以定一專門之法來證明的，來局限其有效性的。換言之，哲學上的真假應決定在不同的層次上，而透過主體的最後經驗組合以及對客觀世界的認識而得到肯定。因此，我們不能不要求對哲學經驗、哲學範疇、及哲學與生活相關的把握。由於這種要求，我們就不能不在一普遍性的哲學間架中提煉我們自己，或把中國哲學當作向普遍哲學提煉的一個機緣。這種提煉和了解的過程是包括幾個方向的：

一、普遍哲學的（建立、體驗、理解）→藉以闡述中國哲學的（建立、體驗、理解）

二、中國哲學的（建立、體驗、理解）→藉以擴大普遍哲學的（建立、體驗、理解）

普遍哲學的觀念是能夠以中國哲學及其他哲學做例證的，同時也是中國哲學及其他哲學的綜合與理想的形式。對普遍哲學的了解並不能僅限於自我有限的經驗或對某一地域與歷史的了解。每一個特殊的思想系統所貫通的普遍性必須經過考驗的過程，包括自我印證和其他思想的印證。中國思想在西洋思想中未必得不到印證，西洋思想在中國思想中也未必得不到印證。而這種印證過程必然牽涉到普遍化過程和特殊化過程。由於這兩種過程，我們可以看出中西哲學的關係如下：

為了要尋求思想的一個普遍形式及確定其深層意涵，我們有理由引用任何能夠給予形式與意涵的經驗或理智工具。因此在「普遍形式化」及「深層意涵決定」兩方面，我們必需再加以考察。現在我們提出兩個命題：

一、西方的哲學能夠給予普遍形式。

二、個人的反省體驗可以決定深層意涵。

對於這兩個命題，我們不想予以詳細論述。但就第二命題說，我們要求的是全體性、完整性、目的性、自由與和諧。這點從某一意義來說，是與生俱來的，可以用形上學的「客觀與主觀一貫」來說明。關於第一命題，我們則至少可以說：第一點，古代及近代西洋哲學大都用一明顯的理性形式表示出來；第二點，近代的英美哲學有一明顯的普遍形式化的要求。這種形式必須具備下列三項條件：

一、邏輯理路的清晰。

二、對世界客觀的認識。

三、方法上及經驗上的可傳遞性 (methodological and social communicability)。更有進者，實現這種形式的過程和這種形式同等重要。

這種實現形式的過程要求乃具足下列幾個條件：

一、邏輯上的最短的論證。

二、客觀知識的有效性。

三、方法及理由上的普遍性。

我們認為這種思想的形式所包含的三項條件和思想表現過程所包含的條件，都是普遍哲學建立的必要條件，因此也就是我們了解中國哲學的基本條件。這是一種理智態度、一種分析精神。但如果透過西洋哲學以見其普遍性，然後進一層發現中國哲學的特殊性，再以之建立普遍哲學的實質內容，將有很大的效果。

我們可由普遍哲學的要求以見西洋哲學的普遍形式，由西洋哲學的普遍形式以見中國哲學的普遍形式，由中國哲學的普遍形式以見中國哲學的深層意涵。由於這種意涵已經普遍形式化了，因此可以經由特殊的體驗而固定和社會化，並可以用來充實普遍哲學的深度內容。

五、對近人談哲學的態度之評價

過去及最近有一些人常提到研究中國史學及哲學的方法、態度和方向問題。對研究史學的方向，我們的觀點顯然有了很大的改變。即是由史料的搜集與偏向政治制度史轉而對史料解釋與作文化各部門的考察。應用的方法與工具是社會科學所提供的橫面模型(diachronic models)及律則，如規範人口增加與經濟收入的比例反映繁榮的程度等等律則。但是在中國哲學的研究方法上我們提出的意見卻少得可憐。

固然當我們了解中國哲學時，我們應當盡量的去探取古代哲學家的原意。但關於這個原意的假設，從根本上來說是沒有意義的。

雖然我們無法透視孔子思想的原意，我們卻可以把握孔子思想的普遍性及深層意義——即是對表層形式及義理作全體性的了解，並用概念表達出來；要做到這點，我們必須自己在形式表現及內容體驗方面首先充實起來。在這方面，陳大齊氏的功夫做得最好。至於胡適的《中國哲學史大綱》，和馮友蘭的《中國哲學史》卻有許多牽強。不是他們不該引用一個哲學系統或間架，而是他們對所引用的哲學系統，只作了機械的應用，未曾透過西洋哲學（或某一項西洋哲學）找到一個普遍的形式，也未曾把中國哲學表層下的精義完全體驗，因此在表現及析解配合上顯出牽強，不能復活中國哲學，也不能推進普遍哲學或為其代表者的某一系統哲學的觀點。自這些失敗中，我們不能說我們不該參考及深刻的學習西方系統哲學以了解中國哲學。除此之外，我們沒有了解普遍哲學形式的方法。至於問如何去了解一個「哲學產生的時代及文化背景、哲學家感受的問題以及解決方向」等等，在方法上最重要的是理論的應用。一個哲學問題之所以成為哲學問題，一定是可以在理論上作說明的。如果要人馬上了解一個哲學觀念的意義，必定要有一個「哲學心靈」才能領悟其中的精奧與價值。但所謂「哲學心靈」是一個什麼「心靈」？決不是一個莫須有的不踏實的存在；假如真的是這樣的一個存在，中國哲學就要永遠被懸在雲端了。

對世界人生的看法如果要通過自覺反省，顯然是必須有其形式的，沒有基本的邏輯論斷形式，或者原則上不能通過邏輯的論斷形式，則此種看法將永遠懸在雲端。至於說必須先有深刻的同情了解，我們也不反對，但先要問清楚同情的了解是什麼？是不是有所謂不同情的了解？這裡我們可以提到相關的一個觀念，即對中國歷史的「敬意」。其實這種敬意不該僅僅是對中國歷史的敬意，而應是一般性的，是一種最謹肅的態度。如果說所謂「敬意」是獨有的，是特殊的，則不了解之前焉有所謂敬意及同情？缺少了解的同情是主觀與偏見的源頭。我們不反對求敬意更不提倡不敬，我們要求的是對經驗的及理性的一般尊重。

很顯然的，中國哲學包含的成分多是具體經驗及與生活有關的原則，通常可以具體的表達出來。但這並不表示中國哲學中沒有思辨的成分；也不表示那些具體的體驗以及具體的體驗方式不廣含概念性及普遍性，或無法用普遍的邏輯形式表示出來。這種論斷基於兩種誤解：即對邏輯論證的誤解和對人的思想體驗與形式內容的誤解。我們並非說凡是具體的體驗都該用名理表示出來；而是說它們可以原則上表達成為名理形式，與基於社會性、客觀性的要求有如此表達出來的需要。對於這兩方面的肯定並不意含中國自己已有邏輯的發展和中國哲學或任何哲學因此不能具備一種實現個人及完成個人的價值與力量。

關於中國是否有邏輯的發展，我已為文另加說明。我們要強調的是：哲學是思辨的過程，和超越的解脫並不是一回事，但這並非說哲學不可以超越的解脫為其終極目標。我們不能混淆一個人生解脫後的感受和悟解與可以客觀化、形式化的思辨過程；這種混淆是危險的，會把中國哲學帶入天才的直覺主義和權威的教條主義。如果以後的中國哲學根本看不起「名相分析」與「義理分析」，這將成為中國哲學的致命傷。好比中醫的秘方一樣，由一線單傳而終至不得其傳。這種態度反映出中國古代社會平民和知識階級的距離，以及知識分子的自滿和閉關自守。

西洋哲學的分類是否適用於中國哲學？這個問題的回答很簡單，如果這種分類是普遍性的，它自然適用於中國哲學。真正的問題，是這種分類是否有普遍性。就中國哲學的傳統而言，我們不必分開天道與人道來討論存在真實的問題。先秦及宋明儒家講的都是天道與人道一貫的道理。但既然天道與人道是兩個分明的觀念，我們把兩者以及其代表的對象分開來討論也並非不可能。不分開來討論是我們不想詳盡的細微的去推敲、去分析和綜合有關天道及人道觀念的先設與後果。這說明了我們實際上仍然可以將中國的倫理學和形上學分別來作討論。關於這一方面的特徵，我們要說的是中國的形上學和倫理學是具有一層深刻關係的，就是倫理學以形上學作基礎，而形上學一定實現為倫理學。至於中國儒家「內聖外王」的思想自然也可以透過中國政治思想和倫理學兩個層次以及兩者的關連來說明的。中國哲學和希臘思想的不同不是方法或形式上有不可減除的差別，而是論及的問題有一定的差別。認清了中國哲學的課題是一回事，如何去了解、體認及評量它，又是一回事。課題的不同並不表示我們就不能用普遍的形式去體認、評量及了解。

歸根結底，研究中國哲學只注重形式表現而不注重內在體驗固然不可，只注重內在體驗而不注重形式表現同樣有問題。形式和內容不可分，二者均依我們自己思考的完整和認識的深刻而得到價值和統一。我們既是現代人，西洋哲學的近代性和表現形式的注重都是我們應該採取的。因此，為了賦與中國哲學近代性和表現形式，我們必須對西方哲學有基本的了解。這是一種共通的社會性的要求，一種近代性的要求，一種表現形式的要求。但這並不違反中國哲學思想的特殊性、客觀性與創造性。下面三項命題很簡明的說明這三點：

一、中國哲學的特殊性在其特殊的問題。

二、中國哲學的客觀性在其有表層的意義及形式。

三、中國哲學的創造性在其有不定形的深層意義。

我們必須從近代、客觀、創造的方向把握中國思想的內容。有了這種了解，我們才可以作適當的評價。但評價的真假是非善惡要完全放在一個廣大悉被的哲學知解中，而其標準也當明白的表示出來，並須在理性和經驗上作一說明，所以仍涉及普遍性的要求。如果要講方法，我們不能只舉方法之名，我們必須實際對方法有清楚的解說。方法無他，即發展客觀的形式與社會性的認知。對於個人思想的直觀綜合，以及經驗引起的對生活問題的把握和超悟，我們要賦予全體性的社會認知意義與客觀理性形式。

後記：一九六八年我自美重返臺灣大學講學，在臺大作了兩次有關近代西洋哲學的講演，也作了兩次有關中國哲學重建問題的講演。在後兩次中，一次是講中國思想中的語言與邏輯問題，一次即講本文所討論的中國哲學重建問題。由於整理時間不夠，尚待補充的地方實在很多。我現正從事寫作《中國哲學的重建》（英文）一書，在第一章裡已有了新的發揮。

民國六十年八月中英識

當代中國哲學之發展及其對世界的意義

西方學者往往以為中國傳統沒有哲學，而近五十年來中國也未產生什麼可以比擬於西方的出色的哲學。我們認為這種看法是一種錯誤的判斷，其錯誤的根源在於對中國傳統哲學及其表現方式沒有正確的認識。當代一些中國哲學家對此曾作相當詳盡的說明，譬如現代香港中文大學教授的唐君毅先生就曾清晰地把中國傳統哲學的深刻思想寫入他的鉅著《哲學概論》裡。不幸得很，仍有少數當代中國學者附和西方漢學家的意見，以為中國的確沒有哲學，而所謂哲學的思想不適作獨立地「哲學地」討論對象。因此必須還原於社會政治文物制度，成為被解釋的一環。這種觀念可以說一則是混廣義的思想史及狹義的哲學思想為一談，二則是對於中國哲學思想未有適當深刻的了解，也對「哲學」一詞的意義未有正確認識，致以為西方哲學才叫做「哲學」。

對近五十年來中國是否產生了出色的哲學這一問題，我們的回答是：這要看出色的標準是什麼。中國傳統思想家所面臨的問題及近代中國哲學家所面臨的問題，與當代西方哲學家自廿世紀開始所面臨的問題自然大相逕庭。因此當代中國哲學並未產生邏輯實徵論，唯實論，數理邏輯，也未產生工具主義，實驗主義方法學，也未產生生命創化學說，或者機體主義的科學哲學與形上學。但這並不表示當代中國哲學沒有其可以注目的貢獻與成就。舉例來說，熊十力先生（《新唯識論》，《十力語要》，《原儒》，《乾坤衍融》）合儒家思想與大乘佛學的哲學系統，其綿密深厚的思想反映了一種獨創的生命主義，宇宙本體觀，以及對知識論方面的建設。其他當代知名的中國哲學學人對於中國人生哲學與價值哲學的獨創見解，也屢見於文字著述，其中以近年方東美先生（*The Chinese View of Life*）、唐君毅先生（《哲學概論》、《中國哲學原論》兩冊）、牟宗三先生（《歷史哲學》，《心體與性題》三冊，《才性與玄理》）及徐復觀先生《中國人性論史》上冊）的中國哲學建設最為可觀。這些哲學的成就與建樹顯然為解決當前中國哲學問題努力之出色成果，也為當前中國哲學提供了新的觀點，新的問題；同時也毫無疑問的說明了當前中國哲學之情況。

或者有人要問：上舉當代西方的一些哲學思想是各地學人所共曉的，有世界的影響力，而當代中國哲學思想則在中國也不常為人所知，在中國也未曾發揮太大的影響，這是什麼緣故呢？是不是反映當代中國哲學有其本身的缺陷呢？為了回答這個問題，我們不能不談談自五四以來中國當代思想的潮流。

五四時期在中國近代史上是一個異常複雜錯綜的時期，當時的知識青年在國家意識上對西方發生激烈的反動，但在文化意識上卻喊出西方「科學」與「民主」的口號，對傳統中國毫無保留地批判與否定。由於中國傳統思想並未產生現代的科學與民主，因而斷定它是毫無價值的文化包袱，而必須澈底棄除。但事實上對那些所謂文化包袱真正為當時中國社會棄除了多少，很是難說；而西方的真的科學與民主思想為當時中國社會吸收了幾分也很是難說。現在歷史告訴我們：當時提倡科學與民主的人都是未真正了解西方科學與民主的全義。他們當時只是在口號文學下主張學習西方，而未從事任何實際的思想建樹工作，以致造成了一種思想與情緒糾纏，知識與信仰不分的混沌局面，同時也給中國知識青年帶來了一種不求深思熟解，不作理論思考的反哲學態度。「哲學」一詞只成了「玄學」的代名詞，而所謂「玄學」則是閉門造車的空中樓閣，而與人生真理，自然知識，社會價值脫去關連。於是說「科學」的人愈說愈空，以致科學只成了資料的搜集與考據，而談玄學的人愈談愈玄，以致哲學與玄學都不外毫無內容的文字遊戲。這種對哲學及科學不正確的了解與反動，指出了當代中國知識分子普遍的思想空虛。這也說明了少數傑出的當代中國哲學家的努力是何等可貴，何等重要！他們之未能得到普遍的接受，發生普遍的影響，也是極其自然的事。至於在西方，由於哲學的傳統從未遭受到完全及普遍的否定，所以深思熟慮的哲學家常常都能發生普遍的影響，引起共鳴。

五四以後中國哲學的發展有一個特徵：即是對中國哲學本質的重新肯認，與中國哲學的重建。這種重新肯認與重建，似使中國哲學家對西洋哲學有了更深度的認識以及對中國哲學有了更深的反省。我們認為最能表現這種傾向的是中國哲學研究者發展與創造的一套新的哲學語彙。這種新的哲學語彙有幾個重要的特徵值得一提：它是分析性的，講究組織與系統的，注重論證說明的。這些都與傳統的哲學語彙著重直觀、綜合、暗示、含蓄、比喻等性質成一對比。這種新的哲學語彙也有一種重要性能，就是能夠透過它把中國重要的哲學傳統提到世界哲學的平面上來討論它的背景，來解釋它的意義，來說明它的價值；同時並賦予中國哲學以一種時代意義，一種理想的普遍性。利用這種新的哲學語彙來比較中西思想，標明其同異，也成為可能。在此我們不擬舉出例子來說明，但我們可以指出這種新的哲學語彙是普遍表現在近十年來幾位傑出的中國哲學學者的某些著作裡面。

分析語彙的創設是當代中國哲學的一個特徵，綜合的哲學系統建造卻是另一特徵。當代的一些哲學學者利用分析的語彙已能明白指出中國傳統哲學的各種特性，譬如以生活體驗為基礎的實踐思想，發揮生命創造意義的變化哲學，講究理性與經驗調合的道德哲學。於是乃更進一步創造了建設性的形上學與道德系統。這自然是很好的現象。因為這說明一個事實：中國哲學仍是一個活生生的哲學，仍是世界當代哲學思潮之一部，而可以對世界要求普遍的接受。

上面我們已經肯認了當代中國哲學家的創造才能，說明了當代中國哲學的顯著成就，更指出了它與世界哲學的關連。現在我們卻要提出幾點批評，以增進當代中國哲學的未來發展，並期以發揮其對世界哲學的深厚意義。

第一點，當代中國哲學學人發展出來的一套分析語彙並未發展到盡善盡美的地步。許多傳統的基本觀念，方法，表達方式，還需要仔細的批評與分析。除此之外，我們還需要不同層次的分析語彙，如知識論方面的，形上學方面的，道德哲學方面的；我們也需要普及分析方法學的研究，除了建造規範性的形上學與道德哲學外，還需要描述及分析我們日常生活觀念中含蓄的形上與道德思想，這樣可以刺激系統的形上學與倫理學思考，同時這種描述與分析性的思想，也較容易為西方思想家認識與接受，達到影響世界哲學潮流的目的。

第二點，當代的中國哲學尚未能真正完全脫離歷史的基本主義，即中國哲學的研究尚未能整個擺脫歷史傳統學派作哲學獨立的思考，以哲學問題為中心，不以哲學派別為前提。因此我們需要努力提出中國固有哲學的精華，不受傳統派別的束縛，而就哲學談哲學。我們需要盡量發揮個人哲學的思考能力與智慧，再以此來討論，來綜合過去的哲學思想，不論是西方的或中國的。

第三點，當代中國哲學多傾向宋儒思想之重認與重建，另有一部分哲學研究則只著重老莊思想的重建。至於有關中國思想傳統中各門各派各家，早期晚期的哲學，則未得到普遍及深刻的研究。為了要發掘中國思想的豐富傳統，我們要提倡多元的學術發展，以及多元的哲學思想的發展。我們要認清哲學是富有高度彈性的。凡是以經驗為基礎表現理性的嚴謹與豁朗的哲學，都有其內在的，雖然只具有一定限度的價值，卻為最後一更大真理發現之線索。因此我們必須肯定對過去中國哲學思想的解釋，是有多種可能的。世界上本來沒有絕對客觀的解釋，任何一種解釋都反映一個哲學家的思考，也代表一個新的經驗綜合。因之，在中國當代的哲學發展過程中，我們要強調哲學的容忍性，承認哲學的多元。但這並不是說，我們在哲學批評上不講求方法的嚴謹，意義的深邃。相反地，我們必須要求不同的思想在一個共同分析與批評的平面上，求學理的批評，作價值的衡估。

總結以上所說：我們需要充實自己，發展完善的哲學語言，俾能把西方哲學納入中國哲學作為討論、理解、鑑別與批評的對象；也能把中國哲學納入世界哲學作為討論、理解、鑑別與批評的對象，使之成為世界哲學之主流及新軍。我們要有正確精當的哲學觀念，以哲學為真理及價值的發現。真理及價值的發現，不應只是為了個人理性的滿足，且應供諸社會人群，以解救人類知識、文化及價值所面臨的危機。我們是應從這個觀點上去討論，研究，推展中國哲學的。我們要認清當代中國哲學之目的，不只在發揚中國哲學，因為它是中國的，而且在提供世界哲學以一個新觀點，新境界，增加當代人類思想的一個新智慧，新價值。這乃是當代中國哲學對世界哲學的深厚意義。

中國古代思想史論

李澤厚　著

本書從剖析孔子仁學開始，論說了自先秦至明清的各種主要思潮、派別和人物。其中著重論證中國的辨證法是「行動的」，而非「思辨的」。秦漢時期的「天人感應」宇宙觀；莊子、禪宗對人生作形上追求的美學；宋明理學則作為道德形上學而具有重要價值，以及在明清時期思想中「治人」與「治法」已出現分離，象徵著傳統中國的政教合一制度動搖，思潮逐漸向近代靠近。